DER RÄCHER

DER AUFSTIEG DES KÖNIGREICHS

ANITA ALEXANDER

Copyright © 2020 - Anita Alexander

Alle Rechte vorbehalten.

Titel der 2019 erschienenen Originalausgabe: The Avenger - The Rise of The Kingdom
Copyright © 2019 – Anita Alexander

Übersetzung aus dem Englischen von Wanjiru Njehiah
Lektorat: Sissi Magdowski, Denise Bunger

Dieses Buch darf nicht zu kommerziellen Zwecken kopiert oder nachgedruckt werden. Die Verwendung von kurzen Zitaten oder das gelegentliche Kopieren von Seiten für persönliche oder Gruppenstudien ist erlaubt und wird empfohlen. Die Erlaubnis wird auf Anfrage erteilt.

Bibeltext der Schlachter. Copyright © 2000 Genfer Bibelgesellschaft. Wiedergegeben mit freundlicher Genehmigung. Alle Rechte vorbehalten.

Umschlags- und Innengestaltung von Sophie Pauli (www.annasophiadesign.com)

Sie erreichen uns im Internet unter: www.revival-flame.org

ISBN 978-0-6485436-2-6

GEWIDMET

DER GELIEBTEN CHRISTI ~ SEINER BRAUT

ANERKENNUNGEN

Anita Alexander ist eine der wahren prophetischen Stimmen unserer Zeit, die von einem Ort der Gegenwart und der Vertrautheit mit dem Vater, der wahren Heimat des Prophetischen, aus agiert. Dieses Buch spiegelt die Intimität der Sohnschaft und die Ehre der Führung Gottes in allen Dingen durch Seinen Geist wieder, indem es einen echten prophetischen und apostolischen Mantel offenbart, der im Leib Christi nicht verborgen bleibt und ihn auf eine massive Ausgießung der Endzeiternte vorbereitet. Während Sie ebenfalls dieser wahren Sohnschaft auf der Grundlage von Intimität und Vereinigung mit und durch den Heiligen Geist nachgehen, empfehle ich Ihnen dieses rohe und sehr reale Buch, das in dem hingegebenen Herzen der Autorin geboren wurde.

Ian Johnson
His Amazing Glory Ministries
Neuseeland
hagmian.com

Anita Alexanders "Der Rächer - Aufstieg des Königreichs" ist vielleicht eines der relevantesten Bücher unserer Zeit. Wir stehen an der Schwelle der größten Bewegung Gottes der Geschichte. Anita gibt uns meisterhaft eine der klarsten Beschreibungen, wie es sich entfalten könnte, die ich je gelesen habe. Ihre zutreffenden prophetischen Einsichten sind tiefgründig und können nur aus einem tiefen, beständigen Wandel mit Christus kommen. Während ich dieses kraftvolle Manuskript las, gewann ich immer wieder den Eindruck, dass dies eine unverzichtbare Lektüre für all jene ist, deren Herz völlig auf Jesus fixiert ist und die sich auf diese außergewöhnliche Bewegung der Herrlichkeit vorbereiten wollen.

Gary Beaton
Gründer Transformation Glory
Autor, Gastgeber, Prophetische Stimme für die Nationen
TransformationGlory.com

Der Rächer, was für ein Wort!!! Sie fragen sich vielleicht, warum ich dieses Buch als ein Wort des Herrn bezeichne aber genau das ist es ja auch. Es ist ein für die Gegenwart einschlägiges Wort an die Gemeinde Christi. Der Rächer ist ein richtungsgebendes Wort des Herrn, um Sein Volk darauf vorzubereiten, sich in der größten Bewegung des Geistes Gottes auf der Erde mit Ihm zu verbünden. Als ich die Seiten dieses erstaunlichen prophetischen Wortes las, weinte ich, und mein Herz brannte mit Gottes Feuer, als ich Seine Stimme und Seinen lauten Herzschlag hörte.

Anita Alexander ist nicht nur eine liebe Freundin von mir, sondern auch eine Prophetin für die Völker. Seit über 15 Jahren trägt sie dieses Wort. Die Tiefe, der Reichtum, die Salbung und die Klarheit dieses Wortes zeugen davon, dass sie dieses Wort in der Vertrautheit mit dem Herrn in ihr hat keimen lassen.

Der Rächer ist ein Wendepunkt. Eine Botschaft, die in Reinheit und ohne Vermischung veröffentlicht wird, und ein Aufruf zur Anbetung Jesu im Geist und in der Wahrheit ist. Die Worte enthalten eine reiche Übertragung des Geistes Gottes. Eine Brechersalbung, die ein wichtiger Schlüssel ist, um eine große geistige Öffnung hervorzubringen, ist in den Seiten ebenso enthalten. Dieses Wort zieht eine Linie durch den Sand und beinhaltet die Einladung des Herrn, sich Ihm und Seiner Wege völlig hinzugeben. Wenn wir uns auf diese Weise mit Ihm verbinden, wird Er sich in einer Weise bewegen, die wir uns nie hätten vorstellen können!

Der Rächer ist in vielerlei Hinsicht ein göttlicher Fahrplan und ein Wort, auf das Sie sich immer wieder beziehen werden, wenn wir in diese neue Ära eintreten!

Lana Vawser
Autorin, Rednerin, prophetische Stimme
Queensland, Australien
lanavawser.com

Der Herr brüllt aus Zion heraus und offenbart sich durch Seine Boten, die Er mit einem Feuer eifriger und eifersüchtiger Liebe umhüllt.

Anita ist eine solche Botin, die im Geist des Elias kommt, um ein Volk zu erwecken und es auf das Kommen Jesu vorzubereiten. In den ersten Kapiteln erschließt Anita, wie dieses "Kommen" aussieht und wie man sich auf dieses "Kommen" vorbereiten und Gott ein Partner in diesem "Kommen" sein kann.

Kühn und kompromisslos identifiziert sie die subtile und trügerische Mischung von Götzen, die sich in die Gemeinde eingeschlichen haben. In dieser Weise versetzt Satan die Gemeinde Christi in einen Schlummer und in Selbstgefälligkeit/ Gleichgültigkeit. Anhand prophetischer Begegnungen, Träume und Visionen identifiziert Anita die dämonischen Geister, die gegen die Gemeinde Christi und gegen Einzelne Krieg führen, um sie gefesselt und unbeweglich zu halten. Sie schlägt Alarm wegen der Dringlichkeit der Stunde und fordert eine Abkehr von den "Verbrauchsgütern", den zusätzlichen Extras (Götzen) in der Gemeinde Christi, die die Einfachheit und Kraft der Wahrheit des Evangeliums verschleiert haben.

Das Buch ist in einem leicht zu lesenden Gesprächsstil geschrieben, mit einer wunderbar gegenwärtigen biblischen und prophetischen Anwendung. Für diejenigen, die mit dem Prophetischen nicht vertraut sind, zeigt Anita, wie Gott durch Träume, Visionen und Begegnungen spricht, um Seinem Volk Warnung, Strategie und Anweisungen zu geben. Sie berichtet aus ihren Erfahrungen und legt aus was der Herr Seiner Gemeinde durch sie vermitteln will.

Dies ist ein Buch für Gemeindeleiter. Dies ist ein Buch für "die Gemeinde Christi". Jeder, der sich beim Namen des Herrn nennt, sollte dieses Buch lesen. Es ist ein Ruf aus einer Form von Religion in die Realität einer Beziehung mit einem lebendigen Herrn, dem König des Universums, hineinzutreten

"Ohne eine Vision geht das Volk zugrunde (werfen die Zügel und Rechtschaffenheit ab)" Sprüche 29:18. "Glaubt den Propheten, und ihr werdet leben". 2. Chroniken 20:20. Wie sehr benötigen wir eine Vision in dieser Stunde, in der sich Verwirrung und Chaos in den Nationen beschleunigen! Wie sehr müssen wir die Stimme Gottes hören!

Anita ist eine Stimme der Stunde. Die Botschaft ist dringend. Die Zeit ist knapp. Ihre Botschaft lautet: "Wacht auf und lebt".

Vivienne Docherty,
Prophetische Stimme/Fürbitterin
Brisbane, Australien

Der Rächer ist eine prophetische Botschaft an die Gemeinde Christi, die den Gemeindeleitern und dem Leib Christi die Dringlichkeit der Stunde sowie das Verlangen des Herrn offenbart. Der Herr wünscht sich, dass Seine Braut sich bereit macht, mit Ihm in Seinem Wirken zusammenzuarbeiten und die dafür notwendige himmlische Strategie bekommt. Noch bevor ich angefangen habe dieses Buch zu lesen sprach der Herr zu mir und sagte mir, dass es ein "Königreichsschlüssel" sei, was mich im Vorfeld sehr aufgeregt hat!! Nachdem ich es nun zu Ende gelesen habe, kann ich dem nur beipflichten, denn die Inhalte dessen offenbaren die Zeiten Gottes und fordern den Einzelnen, sowie den gesamten Leib Christi dazu auf, zu erwachen und sich in der Fülle dessen zu erheben, was der Herr für uns erkauft hat, und mit Ihm zusammenzuarbeiten, um Sein Königreich auf Erden voranzubringen.

Ihre Hoffnung wird aufsteigen, wenn Sie von Jesus, Ihrem Rächer, lesen, der gekommen ist, um Vergeltung zu bringen und Sein Volk zu Überwindung zu befähigen. Der Herr bereitet Sein Volk auf Seine Ankunft als König der Herrlichkeit vor, und dieses Buch ist ein Schlüssel, der die Vorbereitung umreißt, die stattfinden muss.

Dieses Buch offenbart Ihnen die Notwendigkeit das abzubauen was nicht im Einklang mit dem Herzen und den Wegen Gottes steht. Zudem zeigt das Buch auf, welche große Kraft darin liegt, dem Heiligen Geist zu erlauben, sich frei zu bewegen. Sie werden dazu angeregt sich völlig auf Gott einzulassen, leidenschaftlich Seiner Gegenwart nachzugehen und sich von Seinem Geist leiten zu lassen. Sie werden dazu ermutigt in Ihrer Identität und Autorität in Christus zu wandeln und dem König der Herrlichkeit den Weg frei zu machen.

Dieses Buch ist ein strategisches Werkzeug in den Händen von Fürbittern, eine prophetische Botschaft über die Zeiten und Jahreszeiten Gottes und eine Bekanntmachung all dessen, was der Herr hervorbringen will. Es ist eine Botschaft an die Gemeindeleitung, dem Geist Gottes zu erlauben, sich in Freiheit zu bewegen als auch ein Aufruf an den Leib Christi, in den Wegen, der Liebe und der Kraft Gottes zu wandeln. Es ist ein Ruf sich auf das Herz Gottes auszurichten, sich vom Heiligen Geist leiten zu lassen und so zu leben, dass Jesus verherrlicht wird.

Katie Barker
Bring the Fire Ministries
Goldküste, Australien
bringthefireministries.com
katiebarker.com

Im Laufe der Jahrhunderte hat Gott zu bestimmten Zeiten der Geschichte prophetische Stimmen erhoben und ihnen den klaren Aufruf gegeben, gegen die Strömungen des Feindes zu kämpfen. Stimmen, die Sein Volk zur Buße, Erweckung und Reformation aufruft. Anita Alexander ist eine dieser Stimmen und wir leben jetzt in der festgesetzten Zeit! Ihr Buch Der Rächer, der Aufstieg des Königreichs, dient als Blaupause, um Gottes Auftrag heute auf der Erde zu etablieren. Diejenigen, die ein Ohr haben, sollen hören, was der Geist zu den Gemeinden sagt.

Matthew Russell, World for Christ,
Goldküste, Australien
worldforchrist.net

Der prophetische Zeitpunkt dieses Buches hat mich umgehauen. Dies ist definitiv ein Wort an den Leib Christi, das in dieser neuen Ära von besonderer strategischer Bedeutung ist. Anita ist wohl eine der demütigsten Frauen Gottes, denen ich je begegnet bin, in Ausgewogenheit mit der Wahrheit und einer echten Liebe zum König und Seinem Volk. Machen Sie sich bereit, zu sehen, wie der Herr Sie rächt, Ihnen nachgeht und Sie für all Ihre Verluste doppelt entschädigt. Der König der Herrlichkeit kommt in der Tat! Dieses Buch wird Sie in das Neue einbrechen lassen. Jetzt ist die Zeit gekommen...

Natalia Russell, World for Christ,
Goldküste, Australien
worldforchrist.net

Anita und ich haben eine wahrhaft gottgeweihte Freundschaft. Im Laufe der Jahre haben wir unzählige Stunden damit verbracht, das Wirken Gottes in jedem unserer Herzen zu analysieren, auszupacken, zu bejahen und uns davon inspirieren zu lassen; alles mit Freude, Lachen, Aha-Momenten und Tränen. Der Ruf Gottes an Anita ist es, das lebendige Wort der Wahrheit zu verkünden, das unterscheidet und trennt. Das schöne Gleichgewicht dieser Frau besteht darin, dass sie durch und durch Liebe ohne Urteil ist, und doch völlig kompromisslos in ihrem Ruf, Seine Braut herauszufordern, "frei" und "bereit" zu werden, sich hinzugeben, sich völlig nach Gott auszurichten und zu Seiner Ehre auf Erden zu brennen.

Louise Nuss, Lobpreis-Pastorin,
Goldküste, Australien

DANKSAGUNGEN

Meinem Ehemann Sasha, meinem größten Ermutiger und Unterstützer, bin ich so dankbar dafür, dass du dich in den vielen verschiedenen Zeiten, in denen ich bei der Geburt dieses Buches unterwegs war, immer wieder für mich eingesetzt hast. Ich danke dir, dass du an mich geglaubt und den Ruf Gottes in meinem Leben so gut geehrt hast. Ich danke dir für all die "praktische Hilfe", die du mir gegeben hast, damit ich meine Verantwortung in unserer Familie und in unserem Dienst wahrnehmen und gleichzeitig alle meine Fristen für die Herausgabe dieses Buches in die Hände des Leibes Christi zu dieser Stunde erreichen konnte. Auch meinen Kindern bin ich sehr dankbar, die in dieses Buch gesät haben, indem sie Zeit mit mir opferten, als ich in der letzten Phase der Geburt dieses Buches "weggehen und beim Herrn sein musste, um zu schreiben". Ich danke euch, meine lieben Welpen. Meiner lieben Mutter danke ich für deine "praktische Hilfe", deine Ermutigung und deine Gebete.

Meinen liebsten Freundinnen Angelique, Melissa, Lana, Louise und Katie bin ich dankbar für die Rolle, die sie alle gespielt haben, indem sie durch den Prozess des Schreibens dieses Buches strategische Instrumente in der Hand des Herrn als Stimme in meinem Leben waren. Ich bin dem Herrn so dankbar für die reichen Freundschaften, die wir haben, und dafür, wie ihr liebt und euch so bewusst in mein Leben investiert. Ich danke euch, dass ihr mir zugehört und ermutigt habt und mich manchmal mit direkten, kompromisslosen Worten der Unterweisung durch den Herrn wachgerüttelt habt. Freunde wie euch wünsche ich allen.

Ein besonderer Dank gilt dir, liebste Yolande, für deine stundenlange Arbeit, in der du mir geholfen hast, dieses Buch zu einem fertigen Produkt zu machen. Du bist ein Juwel und ich weiß dein Einsatz bei all den anstrengenden Stunden des Lektorierens, des Recherchierens von Publikationen, der Verwaltung und der Investition in dieses Projekt, sehr zu schätzen. An Dawn, vielen Dank, dass du mir beim Lektorat geholfen hast und das zusätzliche Auge warst.

Zum Schluss noch ein Wort des Danks an Sophie: Dein herausragender Einband und Innengestaltung haben die Geschichte dieses Buches bildlich in die Realität umgesetzt und dargestellt.

INHALT

Einführung	1
Kapitel 1 DER AUFSTIEG DES KÖNIGREICHS	5
Kapitel 2 DER RÄCHER	15
Kapitel 3 BAHNT DEN WEG FÜR DEN KÖNIG DER HERRLICHKEIT	33
Kapitel 4 EINE VERÄNDERUNG DER LANDSCHAFT	47
Kapitel 5 DARF ICH EINZUG NEHMEN?	71
Kapitel 6 DIE DEMONTAGE FALSCHER HÄUPTER	91
Kapitel 7 WACHABLÖSUNG ~ EIN NEUER WEINSCHLAUCH DER GÖTTLICHEN REGIERUNG	137
Kapitel 8 DIE DAVID-REGIERUNG	155
Kapitel 9 DIE REGIERUNG VON ESTER	183
Kapitel 10 DER KUSS SEINES GEBRÜLLS	207
SCHLUSSFOLGERUNG	217

EINLEITUNG

Als der Herr 2005 zu mir sprach, ein Buch über meine Vision und meine Begegnung mit dem Löwen von Juda im Jahr 2003 zu schreiben, hätte ich nie erwartet, dass es eine vierzehn Jahre lange Reise werden würde. Eine vierzehnjährige Reise, in der der Herr in meinem Herzen eine Geschichte geschrieben hat, die ich der Gemeinde Christi überbringen sollte, um sie auf die kommenden Zeiten vorzubereiten. Begegnungen, Träume, Visionen, Feuer, Veredelung, sich abmühen, Täler und weite Wildnis waren in diesen vierzehn Jahren meines Lebens, in denen diese Botschaft entstand, umfangreich miteinander verwoben.

Als ich als Teenager mein Leben vollständig Christus übergab, war ich von einer unerschöpflichen Leidenschaft für meinen König der Herrlichkeit erfüllt. In den folgenden Jahren entwickelte sich diese Leidenschaft weiter zu einer Leidenschaft für Seine Geliebte, Seine Braut und Seiner Gemeinde, der Er sich mit unerbittlicher Liebe offenbart. Diese Leidenschaft für Seine Geliebte veranlasste mich, an einen anderen Ort der Hingabe zu kommen. Eine Hingabe an Seinen Ruf, Sein Sprachrohr zu sein, Seine brennende Liebe zu verkünden, die stärker ist als der Tod, und eine Generation von Überwindern hervorzurufen, die wahre LIEBHABER GOTTES sind.

Ja, die Hingabe zu diesem Aufruf hat viel gekostet, aber ich würde diesen Preis immer und immer wieder zahlen, nur um einen kleinen Anteil an dem zu haben, was Ihm am wichtigsten ist. Das ist Seine Geliebte, die in ihrer ersten Liebe zu Gott brennt, die von der Welt unbefleckt bleibt, die Ihn in Ehren vertritt und Seinem Namen Ehre bringt. Seine Geliebte, die in der Fülle all dessen aufersteht, wozu ihr durch Christus und Seine ewige Herrlichkeit Zugang gewährt wurde.

Die Botschaft in diesem Buch ist ein Ruf der Liebe Gottes an Seine Braut und Geliebte, in das Mandat des Himmels auf Erden einzutreten. Wenn Sie dieses Buch lesen sollten Sie wissen, dass sie nicht zufällig auf diese Botschaft gestoßen sind. Gott liebt Sie und geht Ihnen nach und Ihr Geliebter Christus zieht Sie tiefer und höher, um Ihm nachzulaufen.

Viel Liebe in Christus, unserem Geliebten,

Anita Alexanders

Kapitel 1

DER AUFSTIEG DES KÖNIGREICHS

Im Winter 2013 sah ich in einer Zeit des Gebets und der Suche nach dem Herzen des Herrn eine Vision von Jesus, wie Er aus dem Himmel kommend auf einem Pferd ritt und ein Schwert in Seiner Hand hatte. Der volle Ausdruck Seines Gesichts verkündete Dringlichkeit, Leidenschaft, Macht, Zorn, Gerechtigkeit und Triumph. Er kam, um Seinem Volk zu begegnen, und Er war zielstrebig in Seiner Mission. Als ich Ihn in dieser Vision sah, kündigte Er in meinem Geist an:

"Sag meinem Volk, dass ich als "RÄCHER" komme.

Ich wusste sofort, dass dies gleichzeitig Krieg und Sieg bedeutete. Als Er sich mir in dieser Vision als der Rächer offenbarte, wusste ich, dass es bedeutete, dass Er kommen würde, um Unrecht wiedergutzumachen, wiederherzustellen, zu erlösen, Verlorenes zurückzugewinnen, zurückzuzahlen und zu versöhnen. Ich wusste in meinem Geist, dass Er in Sieg, Macht und Stärke kommen würde, genau in dem Moment als sich Sein Volk verlassen, besiegt und betrogen fühlte. Der Herr wollte ihnen verkünden, dass Er sie nicht vergessen hat und im Begriff war, ihre Sache zu rächen, den Spieß umzudrehen und auf noch nie dagewesene Weise "aufzutauchen" und Seine Herrlichkeit und Wunder zu zeigen.

Diese Vision brachte mich auf eine Schatzsuche, wie es bei den meisten meiner prophetischen Begegnungen der Fall ist. "Ich muss diesen Rächer entdecken", dachte ich, "ich muss Ihn durch die ganze Schrift hindurch als diesen Kriegsmann entdecken, der gleichzeitig Liebe zu Seinem Volk, aber Wut auf den Feind wiederspiegelt". Als ich also die Reise begann, Ihn durch die ganze Schrift hindurch als den Rächer zu entdecken, wurde mir bald klar, dass dieser "Rächer", Jesus, unser Geliebter, in Psalm 24 als der König der Herrlichkeit offenbart wird. Die Enthüllung dieses Geheimnisses offenbarte eine Vielzahl von Bedeutungen hinter dem einfachen Satz, den Er zu mir sprach: *"Sag ihnen, ich komme als der RÄCHER"*. Dieser Rächer ist in der Tat der König aller Könige. Der König der Herrlichkeit. Der Löwe des Stammes Juda, der triumphiert hat! (Offenbarung 5:5).

Mir wurde allmählich klar, wie Psalm 24 einen *Präzedenzfall* dafür schafft, dass der König der Herrlichkeit "Einzug nehmen kann", und welche Rolle wir in der Partnerschaft mit Ihm darin spielen. Ich sah den "Weg", der "vorbereitet" werden musste. Ich sah die Rolle der himmlischen Regierung in der Gemeinde Christi und warum eine richtige Positionierung unabdingbar ist, um "den Weg zu bahnen" damit unser König der Herrlichkeit, einziehen kann.

Der Herr hat mir gezeigt, wie ein Regierungswechsel innerhalb der gegenwärtigen Regierungsstruktur im Leib Christi stattfinden muss, um Platz zu schaffen oder den Weg zu bahnen, damit der Herr eingeführt werden und Er sich als König der Herrlichkeit zeigen und manifestieren kann. Dass der König der Herrlichkeit "einzieht", bezieht sich auf Seine Regierung (die die Macht und Autorität des Himmels ist), Sein Königreich und Seine Herrschaft, die auf dieser Erde errichtet werden. Wenn dies geschieht, wird Unrecht wieder gut gemacht, Gerechtigkeit wird vollzogen, und die Rechtschaffenheit gewinnt die Oberhand.

VISION ~ WELLEN DER ERWECKUNG

Was meinte der Herr mit dem Satz: "*Ich komme*"? Als ich die ganze Schrift durchforstete, entdeckte ich, dass immer, wenn der Herr sagt, dass Er "kommt", es einfach bedeutet, dass Er "erscheinen", "sich zeigen", "sich manifestieren" wird. Wir sehen im Laufe der Geschichte, dass der Herr durch verschiedene Wellen von Erweckungen oder Erwachen "erschienen" ist oder "sich manifestiert" hat. Diese Erweckungen sind in der Tat das "Erscheinen" oder "Kommen" des Herrn vor Seinem Volk. Diese "Erscheinungen" oder "Züge Gottes" bringen Seinem Volk immer ein tieferes Verständnis dessen, *wer Er ist*, und stellen so ein tieferes Wissen und Verständnis davon wieder her, *wer sie sind*. Dies wiederum erschließt und enthüllt größere noch nicht gegebene Geheimnisse des Reiches Gottes oder stellt von früheren Generationen verloren gegangene Wahrheiten wieder her.

1999, in einer Zeit der Fürbitte, sah ich eine Vision von Wellen auf dem Ozean. Der Herr erklärte mir, wie Er sich durch Seinen Geist als Wellen der Herrlichkeit auf Seinem Leib bewegt, die verschiedene Aspekte Seiner Person offenbaren, um ein Volk "vorzubereiten", das für den Herrn bereit ist. In dieser Vision sah ich Wellen in verschiedenen Farben, die alle verschiedene Salbungen und Offenbarungen des Königreichs darstellten, die in den kommenden Jahren über Seine Geliebten ausgegossen werden sollten. Es gab Wellen von Blau, die die prophetische Bewegung symbolisierten, und Wellen von Gold, die die Herrlichkeit symbolisierten. Dann sah ich eine Welle aus Rot, von der ich wusste, dass sie eine Feuerwelle war. Danach sah ich eine violette Welle, von der ich wusste, dass sie das Wunderbare symbolisierte. In dieser Welle des Wunderbaren kam die Furcht des Herrn. Als der Geist des Herrn durch Sein Volk in Wundern hindurchging und das Unmögliche möglich machte, kam unter den Menschen ein Gefühl großer Ehrfurcht.

Dann hörte ich den Herrn zu mir sagen:

"Schau dir diese letzte Welle an, sie wird die letzte Welle Meines Geistes auf der Erde sein."

Als ich dort stand und schaute, war keine Welle auf dem Ozean zu sehen; es war totenstill. Das deutete mir an, dass dies irgendwie anders werden würde, als die vergangenen Wellen oder Bewegungen Gottes, die ich als Bewegung sah, wie es die Eigenschaften einer Welle sind, ein Kommen und dann ein Gehen. Als ich jedoch hinschaute, sah ich das riesige Wasser totenstill. Es gab weder Bewegung noch die Andeutung eines Kommens und Gehens, sondern eher etwas, das bleibt. Als ich das Wasser betrachtete, wurde ich von der Reflexion der Sonne auf dem Wasser geblendet. Ich fragte den Herrn: *"Was ist diese Welle?"* Sofort hörte ich die Schriftstelle aus Psalm 37:6:

*Ja, Er wird deine Gerechtigkeit aufgehen lassen **wie das Licht** und dein Recht wie den **hellen Mittag**.*

Beachten Sie, dass es heißt: **Er** wird machen. Das ist es, was diese Wellen der Erweckung tun, *Gott macht Seine Braut bereit*. Er macht Sein Volk bereit, indem Er in verschiedenen Ausdrucksformen Seines Geistes auf sie zugeht. All diese früheren Wellen bereiteten Sein Volk auf die letzte vor.

DIE LETZTE WELLE ~ DIE MANIFESTATION DER SÖHNE GOTTES

Diese letzte Welle, die ich in der Vision gesehen habe, ist das, wonach meiner Meinung nach die ganze Schöpfung ächzt und schreit. Dies ist die Manifestation oder die "Offenbarung" der Söhne Gottes. Die Manifestation Seiner herrlichen Braut, die das Spiegelbild des Sohnes der Gerechtigkeit ausstrahlt, der als "Mittagssonne" strahlt. Beachten Sie, dass mittags um zwölf Uhr Mittag ist. Die Zahl Zwölf symbolisiert göttliche Regierung. Diese letzte Welle also ist die Herrlichkeit des Herrn über Sein Volk, das in der göttlichen Regierung des Himmels wandelt. Hier trifft der Himmel durch die

Söhne Gottes auf die Erde. Gerechtigkeit und Rechtschaffenheit werden das Kennzeichen dieser Königreichsregierung sein, die Ausrichtung und Ordnung in das Chaos und in die Rebellion dieser Erde bringen wird. Diese Regierung wird siegreich sowie in Gerechtigkeit und Rechtschaffenheit regieren und dafür sorgen, dass Unrecht wieder gut gemacht wird und dass das, was gesetzlos ist, der Autorität des Herrn Jesus Christus unterworfen wird.

Maleachi 4:2 erklärt, dass die Sonne der Gerechtigkeit über Seinem Volk aufgehen wird mit Heilung in Seinen Flügeln und Seinen Strahlen, wodurch sie wie Kälber aus dem Stall befreit werden, die vor Freude hüpfen. Dann erklärt Vers 3 das direkte Ergebnis dieser Bewegung auf Sein Volk,

Und ihr werdet die Gesetzlosen zertreten; denn sie werden wie Asche sein unter euren Fußsohlen an dem Tag, den ich machen werde! spricht der Herr der Heerscharen.

Beachten Sie hier, *wer* diese Erklärung unterschreibt. Er unterschreibt als der "Herr der Heerscharen". Das ist der König der Herrlichkeit, der Rächer, wie wir in Psalm 24 sehen. Darin ist die Rede von der Herrschaft des Königreichs auf der Erde *durch* Sein Volk. Dies ist ein Volk, das zuerst vom Herrn gerächt, geheilt und befreit wird (Maleachi 4:2) und dann freigelassen wird, um andere zu befreien (*die Gesetzlosen und Gottlosen zertreten und zu Asche unter ihren Fußsohlen werden*) (Vers 3).

Wenn der KÖNIG DER HERRLICHKEIT einzieht, zeigt Er sich nicht nur stark im Namen Seines Volkes, sondern Er lässt Sein Reich *durch* Sein Volk wirken.

SCHLÜSSEL DES KÖNIGREICHS ~ REGIERUNGSHERRSCHAFT

Nun Freunde, lassen Sie sich nicht täuschen denn Epheser 6:12 erklärt, dass unser Ringen und der Krieg sich nicht gegen Fleisch und Blut richten. Das bedeutet, dass unser Feind nicht die Menschheit ist, sondern Fürstentümer, Mächte und Herrscher der Finsternis an himmlischen Orten. Dies sind die Gesetzlosen und die Bösen, auf die in Maleachi 3 Bezug genommen wird. Ja, es ist wahr, dass der Feind Menschen benutzt, um seinen Willen und seine Ziele hier auf der Erde zu erreichen, wie es in 2. Korinther 4:3-4 heißt:

> *Wenn aber unser Evangelium verhüllt ist, so ist es bei denen verhüllt, die verlorengehen; bei den Ungläubigen, denen der Gott dieser Weltzeit die Sinne verblendet hat, sodass ihnen das helle Licht des Evangeliums von der Herrlichkeit des Christus nicht aufleuchtet, welcher Gottes Ebenbild ist.*

Wie also werden wir "die Gesetzlosen und Bösen zertreten" und wie werden sie zu "Asche unter den Fußsohlen", wenn wir nicht gegen Fleisch und Blut kämpfen?

In Matthäus 16:19 sagt Jesus Seinen Jüngern:

> *Und ich will dir die Schlüssel des Reiches der Himmel geben; und was du auf Erden binden wirst, das wird im Himmel gebunden sein; und was du auf Erden lösen wirst, das wird im Himmel gelöst sein.*

Diese Schlüssel, von denen der Herr sagte, Er würde sie Seiner Gemeinde geben, sind die Schlüssel Davids, die in Jesaja 22:22 offenbart wurden:

> *Ich will ihm auch den Schlüssel des Hauses Davids auf seine Schulter legen, sodass, wenn er öffnet, niemand zuschließen kann und wenn er zuschließt, niemand öffnen kann.*

Schlüssel stehen für Autorität und Eigentum. Wenn Jesus in Matthäus 16:19 sagt, dass Er uns die Schlüssel zum Königreich gegeben hat, bedeutet das, dass Er uns Autorität und Eigentum *am* Königreich gegeben hat. Wenn Sie Ihr

Haus oder Ihr Auto kaufen, können Sie sie ohne Schlüssel weder benutzen, noch darauf zugreifen. Wenn Sie keine Schlüssel haben, dann haben Sie auch kein Eigentum und keinen Zugang. Daher sind die hier erklärten Schlüssel des Königreichs Schlüssel zum Königreich des Himmels. Wir sehen hier also, dass der Schlüssel Davids, den Jesus Seinem Volk tatsächlich gegeben hat, die Fähigkeit ist, Tore oder Zugangspunkte auf der Erde zu öffnen und zu schließen. Wir haben Zugang zur Autorität und Herrschaft des Königreichs der Himmel, und wir haben die Autorität, die Erde so zu regieren, wie es im Himmel ist.

Im selben Vers, Matthäus 16:19, fährt Jesus fort zu erklären, wie man sie benutzt und wie man regiert. Wir benutzen diese Schlüssel, um durch die Erklärungen unseres Mundes in Übereinstimmung mit dem Wort Gottes zu schließen und zu öffnen.

> *Denn alles, was du auf Erden bindest* ***(für unrechtmäßig erklärst)****, muss das sein, was bereits im Himmel gebunden* ***(für unrechtmäßig erklärt)*** *ist (Hervorhebung hinzugefügt).*

Die Schlüssel zum Königreich sind in Wirklichkeit unsere Herrschaft auf Erden durch unsere **Erklärung**. Die Schlüssel zum Königreich öffnen und schließen, während Sein Volk das Wort des Herrn aus seinem Mund verkündet. Gott sagt, dass Sein Volk Dinge auf Erden für ungesetzlich erklären werden, die im Himmel ungesetzlich sind.

Das erklärt Maleachi 3 als gesetzlos. Wenn Maleachi 3:21 sagt, dass wir *"auf die Gesetzlosen und Bösen treten werden, und sie werden Asche unter euren Fußsohlen sein"*, bedeutet das, dass alles, was im Himmel gesetzwidrig ist, Asche unter den Sohlen Ihrer Füße sein wird, durch die Verkündigung des Wortes des Herrn, das aus Ihrem Mund hervorgeht.

Beachten Sie, dass es hier heißt, es wird *Asche* unter Ihren Fußsohlen sein. Lassen Sie mich fragen: Was verursacht Asche? Die Antwort wäre Feuer, nicht wahr?

DER RÄCHER

Ist mein Wort nicht wie ein Feuer [das alles verzehrt, was die Prüfung nicht ertragen kann]? Sagt der Herr (Jeremia 23:29a).

Was sind die Dinge, die dem Test nicht standhalten? Alle Dinge, die unter der Herrschaft und dem Einfluss des korrumpierbaren Reiches des Gotts dieser Welt stehen. Krankheit, Leiden, Armut, Zerstörung, Hass, Gewalt, Ungerechtigkeit usw. All dies sind Beispiele dafür, was im Himmel und damit auf Erden gesetzwidrig ist. Wenn diese Missstände einem Volk begegnen, das in dem Königreich der David-Regierung des Himmels der Rechtschaffenheit und Gerechtigkeit wandelt, werden sie zu Asche unter ihren Fußsohlen gemacht.

In prophetischer Sprache ausgedrückt: Wenn etwas unter Ihren Füßen liegt, steht es unter Ihrer Autorität, und Sie haben den Sieg darüber. Wenn das Volk Gottes seinen Mund aufmacht und das Wort des Herrn, das Feuer ist, verordnet, werden die Dinge, die ihnen feindselig gegenüberstehen und die im Himmel gesetzeswidrig sind, besiegt werden und unter ihren Füßen stehen. Sie werden knusprig verbrannt und bleiben nichts als Asche!

Der Aufstieg des Königreichs

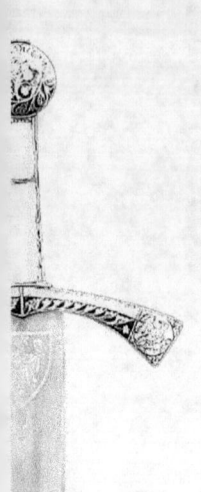

Kapitel 2

DER RÄCHER

Als ich die Vision des Herrn als den Rächer auf dem weißen Pferd mit einem Schwert in der Hand sah (die ich im letzten Kapitel erläutert habe), offenbarte sich ein Bild des Krieges. Es war ein Bild von einem Kriegsmann, aber gleichzeitig auch ein Bild von einem, der kommt, um für den zu kämpfen, den Er liebt, und damit den vollständigen Sieg herbeizuführen.

DER MÄCHTIGE KRIEGSMANN

Wer ist dieser König der Herrlichkeit? Es ist der Herr, der Starke und Mächtige, der Herr, der Held im Streit! (Psalm 24:8).

In diesem Vers wird der König der Herrlichkeit als *stark, mächtig und mächtig im Kampf* bezeichnet. Mit anderen Worten: Er ist ein MÄCHTIGER KRIEGSMANN!

In Vers 10 wird die Frage erneut gestellt,

> *Wer ist [Er also] dieser König der Herrlichkeit? Der Herr der Heerscharen, Er ist dieser König der Herrlichkeit.*

Gemeint ist der Hauptmann der Armee. Auch hier ist wieder von KRIEG die Rede!

> *Der Herr wird ausziehen wie ein Held, wie ein Kriegsmann den Eifer anfachen; Er wird einen Schlachtruf, ja ein Kriegsgeschrei erheben; er wird sich gegen Seine Feinde als Held erweisen. (Jesaja 42:13).*

Wenn der Herr sich als der mächtige Kriegsmann manifestiert - alias: Der König der Herrlichkeit; interessanterweise ist der Ton, der auf Seine Feinde losgelassen wird, ein Brüllen. Dies ist der Klang, der von dem Triumphierenden spricht, dem Löwen des Stammes Juda, der überwunden hat, der brüllt und über Seine Feinde siegt! Wussten Sie, dass Seine Feinde auch Ihre Feinde sind?

> *Siehe, es hat überwunden der Löwe, der aus dem Stamm Juda ist, die Wurzel Davids (Offenbarung 5:5).*

Während der Löwe aus dem Stamm Juda über Sein Volk brüllt, überträgt sich dieser Klang auf Sie und Sie werden den gleichen Klang des Sieges in sich tragen. Das Volk des Herrn wird im Brüllen des Löwen wandeln. Es wird einen Klang der Gerechtigkeit und der Rückerstattung erschallen, der Sieg und Gerechtigkeit hervorbringt.

DER LÖWE VON JUDA

Im Frühjahr 2003 diente ich in den USA in einer Reihe von

Erweckungsversammlungen. Während der Anbetung in einem der Gottesdienste hatte ich eine Begegnung mit dem Herrn. Ich sah das Gesicht eines Löwen vor mir erscheinen und Seine Mähne floss vor Kraft. Der Ausdruck auf dem Gesicht des Löwen war Autorität und Macht. Als ich Sein Gesicht sah, hörte ich Seine Stimme so laut in meinem Geist:

> *"Mein Volk kennt mich bisher als das Lamm, aber es kennt mich noch nicht als den Löwen".*

Mein ganzes Wesen zitterte vor Seiner Stimme, die in meinem Geist widerhallte. Er fuhr fort:

> *"Sie kennen mich bisher als den Erlöser, als das Lamm, das geschlachtet wurde, als den, der den endgültigen Preis für die Vergebung ihrer Sünden bezahlte und der einen Weg zu ihrer ewigen Erlösung schuf. Sie "kennen" mich aber (erfahrungsmäßig) noch nicht als den Löwen, den König der Herrlichkeit, König aller Könige und Herr aller Herren, den Siegreichen und Triumphierenden. Wenn sie mich als den Löwen "kennenlernen", werden sie die Autorität des Löwen - des Königs des Himmels - demonstrieren und in ihr wandeln und meinen Willen auf der Erde ausführen.*

Was mich stark beeindruckt hat, war der Hinweis des Herrn darauf, Ihn zu "kennen". Er verwendete keine Sprache wie "Ihn gesehen" oder "von Ihm gehört". "Kennen" ist etwas ganz Anderes als "wissen von". Jemanden zu "kennen" bedeutet, ihn innig kennen zu lernen. Als Adam Eva "kannte", wurde sie schwanger und gebar Kain (1. Mose 4:1). Und so hatte ich, als Er zu mir sprach, dieses Verständnis, dass Sein Volk Ihn als den Löwen des Stammes Juda

durch die Kenntnis der Schrift "erkannt" hat, Ihn aber noch nicht durch Erfahrung „kennt".

Der Herr kommt, um Seinem Volk als der Löwe zu begegnen. Sie werden nicht mehr von diesem Löwen wissen und nur noch von Ihm reden, sondern sie werden den Donner Seines Gebrülls erleben, der das Erschütterbare erschüttern lässt. Sie werden erleben, wie die Auswirkungen und Spuren des Feindes, die in ihrem Leben, in Städten und Nationen Bollwerke waren, abfallen, sich auflösen und vernichtet werden (Hebräer 12:26-27).

Wenn die Gemeinde Christi den Triumphierenden, der alles überwunden hat, immer mehr kennenlernt, wird sie eine Generation von Überwindern empfangen und gebären, die den König der Herrlichkeit einführen wird.

Als ich diese Begegnung mit dem Herrn hatte, wusste ich, dass die Gemeinde Christi im Begriff war, in den Modus einer apostolischen Regierung überzugehen, den sie bisher noch nicht kannte. Als der Herr mir dies mitteilte, wusste ich in meinem Geist, dass Er zuerst in Seine Gemeinde kommen und dann durch Seine Gemeinde wirken würde. Er würde kommen, um Seinem Volk in einer Sichtbarmachung von Macht und Kraft des Königreichs zu begegnen, die es noch nicht kannte oder erlebt hatte. Folglich wird Sein Volk dann in diesem Ort des himmlischen Königreiches hier auf der Erde handeln und wirken. Dann werden sie Nationen unterwerfen und durch den Geist des Herrn Rache an den Feind üben.

KLEIDUNG DER RACHE

Wie wir gerade gelesen haben, offenbart Psalm 24 diesen König der Herrlichkeit als einen mächtigen Kriegsmann, mächtig im Kampf. Jesaja 40:10 informiert uns, dass wenn der Herr kommt und in "Macht" zu herrschen beginnt, kommt Er mit Rückerstattung (Entschädigung) und Belohnung (Vergeltung).

> *Siehe, Gott, der Herr kommt mit Macht, und sein Arm wird herrschen für ihn; siehe, sein Lohn ist bei ihm und was er sich erworben hat, geht vor ihm her (Jesaja 40:10).*

Deshalb ist dieser König der Herrlichkeit unser Rächer. Er ist der Mächtige, der Kriegsmann, der zurückerstattet, erlöst und belohnt.

Er [der Herr] legte Gerechtigkeit an wie einen Panzer und setzte den Helm des Heils auf sein Haupt. Er legte als Kleidung Rachegewänder an und hüllte sich in Eifer [und großer Liebe zu Seinem Volk] wie in einem Mantel.
(Jesaja 59:17-18 Betonung hinzugefügt).

Der Herr kleidet sich in Rache und hüllt sich in die eifrige Liebe, die Er für Sein Volk empfindet. Liebe und Rache sind Seine Gewänder. Liebe und Rache sind das, was Er zu tragen wählt. Hier ist nicht einmal von Rüstung die Rede. Obwohl Er von Rechtschaffenheit und Erlösung als Rüstung spricht, ist Kleidung etwas anderes.

Kleidung spricht von Identität. Wenn ich Kleider anziehe, drücke ich meine Identität durch das aus, was ich trage. Meine Vorlieben in Farbe, Beschaffenheit und Design sind offensichtlich. Kleidung bezieht sich auf die nach Außen getragene Identität.

Wenn der Herr sich mit Rache "kleidet" und sich in eifrige Liebe hüllt, zeigt dies, wer Er ist und worum es Ihm geht. Er ist von eifriger Liebe zu Seinem Volk erfüllt, und geht Seinem Streben nach Gerechtigkeit und Belohnung für die, die Er liebt, zielstrebig und fokussiert nach.

Jesaja 59:17 zeichnet ein Bild unseres Königs als einen Kriegsmann, der motiviert von Liebe, ein Mann der Rache ist. Wenn der Herr als ein Kriegsmann bezeichnet wird, bedeutet das, dass Er in den Krieg zieht und im Krieg wird gekämpft. Warum kämpft Er? Für wen kämpft Er? Er kämpft für Sie, Seine Geliebte. Er ist zielbewusst, wenn es darum geht, Unrecht wieder gut zu machen, Gerechtigkeit und Vergeltung zu üben. Er wird von einer Liebe getrieben, die so stark ist wie der Tod, eine Liebe, die Ihn dazu zwang, jedes Unrecht am Kreuz wieder gut zu machen. Es ist eine Liebe, die so voller Rache ist, dass Er den höchsten Preis gezahlt hat, damit ein Volk sein Opfer annimmt, das es vor der ewigen Verdamnis rettet.

Wie sieht diese Rache aus?

In verschiedenen Wörterbüchern wird Rache als: vergeltende Gerechtigkeit, Vergeltung und Rückerstattung bezeichnet.

Diese Erklärung zeigt uns, dass Rache nicht nur Rache ist, sondern dass sie eine Belohnung und Rückerstattung für den Verlust des Leidens durch den Feind ist.

VERGELTUNG ~ SCHMUCK FÜR ASCHE

*Um zu verkündigen das angenehme Jahr des Herren (das Jahr Seiner Gunst) und **den Tag der Rache unseres Gottes**, und um zu trösten alle Trauernden; um den Trauernden von Zion (**Trost und Freude zu schenken**) und zu verleihen, dass ihnen **Kopfschmuck** statt Asche gegeben werde, Freudenöl statt Trauer und Feierkleider statt eines betrübten Geistes, dass sie genannt werden "Bäume der Gerechtigkeit" eine "Pflanzung des Herren" zu seinem Ruhm. (Jesaja 61:2-3 Betonung hinzugefügt).*

Wir sehen hier in dieser Schriftstelle, dass es, nachdem der Herr den Tag der Rache ausgerufen hat, eine "Wende" gibt. Wenn der Herr Rache übt, *wendet* Er das Unrecht *um* und macht es wieder gut. Er ersetzt die Trauer durch Trost und Heilung. Er ersetzt Kummer durch Freude, Asche durch Kopfschmuck, Unterdrückung, Depression und Niederlage durch Lob und Siegesgeschrei!

Wenn der Herr als der Rächer auftaucht, heilt und verschönert Er durch Seinen Geist (Jesaja 61:1), die Gebiete im Leben Seines Volkes, die der Feind mit Asche bedeckt hatte. Er schmückt das betroffene Gebiet und benutzt es als Plattform, um Seine Herrlichkeit zu zeigen.

Nach der Strongs Konkordanz kommt das Wort *Schönheit*, auf das in dieser Schriftstelle im Hebräischen Bezug genommen wird, von einem Wortstamm, der bedeuten kann: sich rühmen und verherrlichen.[1] Als ich das las war ich begeistert denn ich sehe das als ein Bild des Herrn, der sich selbst genau an dem Ort verherrlicht, an dem der Feind versucht hat, Ihr Leben mit Schmerz, Leid, Trauer oder Zerstörung zu kennzeichnen. Was der Feind Ihnen Böses zu tun gedachte wird Gott zum Guten wenden (1. Mose 50:20).

Teil der Vergeltung des Herrn an den Feind ist es, das, was der Feind für Böse bestimmt hat, in Ruhm für Seinen Namen zu verwandeln!

> *Der Dieb kommt nur, um zu stehlen, zu toten und zu verderben; ich bin gekommen, damit sie das Leben haben und es im Überfluss haben (Johannes 10:10).*

Wo der Teufel Sie abgezockt hat und versucht hat, Ihr Leben zu zerstören, zu töten und zu stehlen, Ihre Familie, Ihren Verstand, Ihre Finanzen, Ihre Jahre und Ihre Gesundheit zu stehlen, erkläre ich, dass der Herr als der Mächtige kommt, der Mächtige Kriegsmann, um Gebiete wiederzuerlangen, wiederherzustellen, zu entschädigen als auch zurückzuerstatten.

ZWEIFACHE RÜCKERSTATTUNG

Wie bereits erwähnt, meint ein Teil der Bedeutung des Wortes Rache Entschädigung. Eine andere Weise, Entschädigung zu sagen ist Kompensation.

Der Herr zahlt Kompensation. In Australien haben wir eine Arbeitsversicherung namens "Worker's Compensation". Es handelt sich um eine Versicherung für den Arbeitnehmer für den Fall einer Verletzung am Arbeitsplatz, wobei der Arbeitnehmer Leistungen beanspruchen und erhalten kann, wenn seine Verletzungen ihn am Arbeiten oder an der Rückkehr zur Arbeit hindern. Wir Australier lieben es, die meisten Wörter zu kürzen und abzukürzen und wir bezeichnen diese Versicherung als "Compo". Da diese Versicherung bei den meisten Versicherungsansprüchen häufig vorkommt, kann es gelegentlich schwierig sein, sie zu erhalten, und sie ist manchmal in ihrem zeitlichen Entschädigungsrahmen sehr eingeschränkt. Aber wenn der Herr "Compo" zahlt, wenn Er Sie für Verlust, Trauma, Sorgen und Kummer entschädigt, gibt es keine Einschränkungen. Er entschädigt Sie von ganzem Herzen, und wie wir in Jesaja 61:2-3 gesehen haben, überwiegt Seine Entschädigung immer den Verlust. Er *verdoppelt den Segen* für den Ärger, den der Feind verursacht hat. Eines Seiner wunderbaren Berufsbilder ist der Erlöser, der die Bresche repariert. Er ersetzt die Trauer immer durch Freude und Kopfschmuck anstelle von Asche.

Jetzt ist die Zeit, in der Gott an der Ursache und den Auswirkungen des Feindes im Leben Seines Volkes Rache nimmt und dieses Joch der Schande, der Vorwürfe, der Desillusionierung und der Verwirrung zerstört. Er ist als der Rächer gekommen, um Seinem Volk doppelte Entschädigung zu bringen!

> *Die erlittene Schmach [durch ihrer ersteren Schande] wird euch **doppelt vergolten**, und zum Ausgleich für die Schande werden sie **frohlocken** über **ihr Teil**; denn sie werden in ihrem Land ein doppeltes Erbteil [dessen was sie eingebüßt hatten] Erlangen, und ewige Freude wird ihnen zuteilwerden. (Jesaja 61:7 Betonung hinzugefügt).*

Lassen Sie uns einen Moment Zeit für eine kleine Wortstudie dieser Schriftelle nehmen. Die Stelle macht deutlich, dass es darum geht, eine Sache durch etwas anderes zu ersetzen.

Der Herr sagt hier deutlich, dass Er Ihnen anstelle von Schande, Tadel und Entehrung, einen *zweifachen Lohn geben* wird. Er wird Sie *das Doppelte* von dem erben lassen, was Ihnen ursprünglich versprochen wurde. Mit anderen

Worten: Wenn Gott Sie belohnt, sind Sie besser dran als das, was Sie vor Ihrer Not und Ihrem Elend gewesen wären.

Schauen wir uns das Wort *Scham* an. Nach der Strongs Konkordanz ist Scham im Hebräischen *bo-sheth*; das heißt übersetzt: Scham ist das Gefühl, der Zustand, sowie seine Ursache. Das alles führt zu Verwirrung.[2]

Das Wort stammt von einem Wurzelwort *boosh*, was übersetzt blass bedeutet (oder an relativer Bedeutung abnehmen), Entehrung, enttäuscht sein oder verzögert und bestürzt zu werden. Bestürzt zu sein wird in verschiedenen Wörterbüchern mit Verwirrung gleichgesetzt oder beschreibt den Zustand, in dem Umstände sich verzögern und unnötig verlängern, trocken werden als auch in Unordnung und Chaos verfallen. Ich nenne einen solchen Umstand überrumpelt werden vom Feind.[3]

Scham wird in verschiedenen Wörterbuchbedeutungen erklärt als: Eine schmerzhafte Emotion, die durch ein starkes Gefühl von Schuld, Verlegenheit, Unwürdigkeit oder Schande (Missbilligung, Respektlosigkeit, Diskreditierung), Entehrung, Verurteilung und Enttäuschung, verursacht wird.

Wow! Wir sehen, dass das Wort Scham eine tiefgehende Bedeutung hat! Im Hebräischen ist das Wort sehr erweitert und aufschlussreich. Aus dieser Perspektive betrachtet gewinnt das Wort in der Schriftstelle Jesaja 61:7 eine tiefere Bedeutung.

Manchmal geschehen in unserem Leben Dinge, mit denen wir nicht gerechnet haben. Wir haben kein Verständnis dafür, wie oder warum Gott es überhaupt zugelassen hat, dass es passiert. Das ist der eigentliche Sinn des *Bestürztseins* (was eine der Bedeutungen des Wortes Scham ist). Außerdem bedeutet es, *verwirrt* zu sein, und wie wir gesehen haben, ist das auch eine der Bedeutungen des Wortes Scham.

Wenn wir in unserem Leben Situationen und Umstände wie diese durchleben, wenn wir uns vom Feind überrumpelt fühlen, stellt das unseren

Glauben an Gott bis ins Mark auf die Probe. Es kann bei uns ein Gefühl der Verwirrung darüber auslösen, was wir wirklich glauben. Diese Erfahrungen können jedoch zu einem Erschüttern und Entwurzeln falscher Konzepte und Überzeugungen führen und in uns einen tieferen, stärkeren Glauben an den Herrn wiederherstellen. In diesen schwierigen Zeiten unerwarteter Situationen und Prüfungen können wir ein Gefühl der Verwirrung und tiefe Enttäuschung, Verzweiflung, Verlust oder Bedauern erleben, das uns überwältigen und uns in eine tiefe Depression versinken lassen kann. Dann haben wir wirklich das Gefühl, dass unser Licht ausgelöscht wird. ABER, Gott ist treu und gerecht! Er wird uns nicht über das hinausgehen lassen, was wir ertragen können, ohne uns einen "Ausweg" zu bieten (I. Korinther 10:13). Er, Jesus, ist dieser "Weg" Amen (Johannes 14:6; Offenbarung 1:8).

Das ist die Verheißung des Herrn an uns in Jesaja 61:7: An der Stelle eurer Schande und Tadel gebe ich euch *Freude* und *Erbe* in einem "*zweifachen Maß*"! Zweifach bedeutet einfach doppelt so viel!

Ein altes pfingstlerisches Sprichwort lautet: "Gott wird dir für deine Mühe das Doppelte geben", und hier sehen wir, dass dies biblisch korrekt ist. Wenn der Herr vergütet und ausgleicht, dann tut Er das in einem doppelten Maß. Seine Gerechtigkeit ist nicht nur gerecht, sondern sie ist auch gut. Die Heilige Schrift sagt hier schwarz auf weiß: Wenn Er unsere Sache rächt, sorgt Er dafür, dass wir besser dastehen, als wir gewesen wären, wenn wir die Not nicht erlitten hätten.

Lassen Sie uns unsere Wortstudie in diesem Abschnitt der Schrift fortsetzen. Das nächste Wort, das ich mir ansehen möchte, ist das Wort "*sich freuen*". Die hebräische Bedeutung nach Strongs Konkordanz ist *ranan*; das bedeutet laut vor Freude schreien, vor Freude singen, und triumphieren.[4]

Halten Sie diesen Gedanken fest, während wir fortfahren und uns das Wort "*besitzen*" ansehen. Nach Strongs Konkordanz ist dieses Wort im Hebräischen Yarash, das heißt: besetzen, indem man die Vormieter vertreibt und an ihrer Stelle Besitz ergreift, ergreifen, rauben, erben, vertreiben, verarmen, verderben, verstoßen, verzehren, vernichten, unbedingt besitzen, in Besitz nehmen, an sich reißen, sich bemächtigen, Erfolg auf ganzer Linie haben.[5]

Beim Lesen dieses Wortes bekomme ich Lust, aufgeregt Runden durch mein Zimmer zu drehen. Haben Sie gesehen, was ich gesehen habe? Das ist echt stark, Leute!

Dieser Abschnitt aus Jesaja 61:2, in dem die Rache Gottes freigesetzt wird, bis hin zu Vers 7, in dem die Vergeltung dargelegt wird, lässt sich wörtlich in einem Satz zusammenfassen:

Wenn der Herr als der Mächtige kommt, befähigt Er sein Volk zur Überwindung!

Sehen Sie das? Zunächst kommt Er und „wendet" alle Umstände. Er gibt Trost für die Trauer, Kopfschmuck statt Asche, Öl der Freude für die Trauer und Lob statt Depression und Schwere. Dann bevollmächtigt und salbt Er Sein Volk für den Sieg in der Schlacht und Er veranlasst sie einzunehmen, was ihnen rechtmäßig zusteht. Sie werden *sich* über ihren *Anteil freuen*, indem der Geist des Herrn sich in ihnen als Sieger manifestiert. Dann vertreiben sie den Feind, vernichten ihn, verringern sein Streben auf ihrem Lebensweg und schaffen es zu besitzen, was ihnen rechtmäßig zusteht.

Daher lese ich Jesaja 61:7 so, nachdem wir es im Hebräischen erklärt haben:

Anstatt Scham, Schuld, Peinlichkeit, Unwürdigkeit, Schande - (Missbilligung, Respektlosigkeit, Diskreditierung), Schande und ein Gefühl der Unwichtigkeit und Verurteilung zu erleben, und anstatt enttäuscht und verwirrt zu sein bis zu dem Punkt, an dem man durch verspätete Versprechungen beinahe aufgegeben hätte, und verwirrt durch Umstände, die Ihr Leben in Unordnung und in ein Durcheinander gebracht haben, Ich, der Herr, werde Sie für den Verlust entschädigen und Ihnen doppelt so viel Ehre, Glaubwürdigkeit, Anerkennung, Akzeptanz, Hoffnung, Vision, Wiederherstellung, Frieden, Freude und Erfüllung zurückzahlen, wie Sie gehabt hätten, wenn Sie diese Schande nicht erlebt hätten!

Sie werden über den Feind siegreich sein, der das Erbe, das ich Ihnen gegeben habe, besetzt hält, und Sie werden laut schreien, wenn Sie Ihren Feind vertreiben, verzehren, zerstören und ausstoßen werden. Sie werden seine Gegenwart verarmen und vollkommen erfolgreich sein, wenn Sie das, was ich Ihnen versprochen habe, ergreifen, in Besitz nehmen und erben. Sie werden hineingehen, eine doppelte Portion des ursprünglichen Versprechens erhalten und zurückholen, und die ewige Freude wird Ihnen gehören!

Das muss man einfach LIEBEN, oder?!

So sieht es aus, wenn der Herr sich als der Rächer manifestiert und als der Sieger über Sein Volk herfällt. Lassen Sie es mich noch einmal sagen: Ihre Feinde sind Seine Feinde. Sogar die Feinde, die schon seit Generationen bestehen. Der Herr kommt als der Mächtige Kriegsmann, der die Axt an die Wurzel legt, erlöst und den Spieß der Zyklen von Tod, Zerstörung, Bedrängnis, Scham und Vorwürfen umdreht.

Während der Herr Sein Volk in dieser Stunde als der Mächtige Kriegsmann, der Rächer, der Löwe des Stammes Juda in Seine Pläne einbezieht, führt Er Seine Gemeinde in die größte Veränderung und das größte Erwachen, das sie je erlebt hat, und lässt sie als die überwindende Braut auferstehen, zu der Er zurückkehren wird, um sie zu empfangen.

DER TAG DER RACHE

In der gesamten Schrift wird Rache üblicherweise in Übereinstimmung mit der Sprache der Zeiten und Jahreszeiten genannt. Es gibt einen *Tag* der Vergeltung, eine *Zeit* der Vergeltung und eine Zeit der Belohnung.

> *Aber der Herr lacht über ihn [die Bösen], denn Er sieht, dass sein **Tag** [der Niederlage] kommt*
> *(Psalm 37:13 Betonung hinzugefügt).*

> *Denn es ist ein **Tag** der **Rache** des Herrn,- ein **Jahr** der **Vergeltung** für die Sache Zions*
> *(Jesaja 34:8 Betonung hinzugefügt).*

> *Um zu verkündigen das angenehme Jahr des Herrn [das Jahr Seiner Gunst] und den **Tag** der **Rache** unseres Gottes*
> *(Jesaja 61:2-3 Betonung hinzugefügt).*

In den obigen Schriften sehen wir, dass die Rache des Herrn als "Tag" bezeichnet wird. Es ist ein *Zeitwort*, das sich auf einen *Moment* oder eine *Jahreszeit* bezieht. Dieses Wort beschreibt eine "Verabredung" Seiner Rache.

In diesem Leben können wir Ungerechtigkeit, Bedrängnis und Zerstörung erleiden, und es scheint, dass der Feind mit allem davongekommen ist. "Wo ist die Gerechtigkeit? Wie konnte dies geschehen? Wann werde ich Gerechtigkeit oder Wiedergutmachung sehen?", sind Fragen, die wir uns von Zeit zu Zeit oft stellen können. Sie sollen wissen, dass es eine bestimmte Zeit für Rache und Gerechtigkeit gibt.

Wir treten in diesen "Tag" der Rache ein, da eine Generation des Herrn darauf vorbereitet wird, "den Weg zu bahnen", damit der König der Herrlichkeit "einziehen" kann. Unrecht wird wieder richtig gestellt, Genesung, Wiedergutmachung, Gerechtigkeit und Belohnung finden statt, wenn der Herr, der Rächer sich im Namen Seines Volkes stark zeigt und seine Sache rächt. Er ist wahrlich unser Ritter in glänzender Rüstung.

UNSER RITTER IN GLÄNZENDER RÜSTUNG

Dieser König der Herrlichkeit, der Rächer, versucht dringend, sich im Namen Seines Volkes stark zu zeigen.

> *Denn die Augen des Herrn durchstreifen die ganze Erde, um **sich mächtig** zu erweisen an denen, **deren Herz ungeteilt** auf ihn gerichtet ist.*
> *(2. Chronik 16:9 Betonung hinzugefügt).*

Der Herr geht hin und her, hin und her, hin und her, hin und her, sucht, sucht, sucht, sucht, sucht auf *der ganzen Erde*, um zu sehen, für *wen* Er *stark sein kann*, für *wen* Er *sich zeigen kann*, für *wen* Er *kämpfen* kann. Diese Schrift erregt mein Herz, denn wenn wir in die hebräische Bedeutung in der Strongs Konkordanz schauen, offenbart sie den Herrn als den Starken Mann, den Einen, der für uns kämpft.

Sich im Hebräischen gemäß Strongs Konkordanz *stark zu zeigen*, ist *Chazaq*. Zusammengefasst heißt das: helfen, reparieren, befestigen, erobern, siegen, herrschen, mächtig sein, sich erholen, den **Mann spielen** und **sich tapfer verhalten**.[6]

Können Sie in diesen Bedeutungen sehen, dass der Herr in unserem Leben "den Mann spielen" und der "tapfere" Mann für uns sein will? Er will unser Ritter in glänzender Rüstung sein, derjenige, der für uns wiedererlangt, der uns hilft, für uns erobert und siegen wird. Er will "DER MANN SEIN"! In der Tat sucht Er inbrünstig nach einem Leben, in dem Er sich auf diese Weise zeigen kann. Wo Er Sieg, Macht, Vergeltung und Befreiung zeigen kann. Er *sucht* aktiv in der ganzen Welt hin und her nach jemandem, dem gegenüber Er sich in dessen Namen stark zeigen kann. Er *strebt* danach, der Ritter in glänzender Rüstung zu sein und tapfer im Namen Seiner Geliebten zu handeln. Jemand, der Ihn "den Mann spielen" *lässt*, den Er befreien und retten kann, um ihn siegen und erobern zu lassen. Das ist der König der Herrlichkeit, der Kriegsmann, der sich für die Sache Seiner Geliebten rächen will.

MÄCHTIG FÜR DIE HINGEGEBENEN

Dieser Vers in 2. Chroniken 16:9 betont, wie der Herr eine solche Person sucht, sogar bis ans Ende der Welt. Ich dachte mir: "Du brauchst doch nicht sehr weit zu schauen, um zu sehen, ob es jemanden in Not gibt, dem Du Dich tapfer zeigen und ihn retten kannst, Herr! „Aber dann sah ich es, ja, ich las den Rest des Verses. Ich bemerkte, dass es einen *Typ* Mensch gibt, auf den sich der Herr einlassen will, um "sich stark zu zeigen". Das ist nicht einfach jemand, der in Schwierigkeiten steckt. Beachten Sie, dass es heißt: *"Ein Herz, das ungeteilt ist vor ihm"*.

Die hebräische Bedeutung *eines Herzens*, das gemäß Strongs Konkordanz *tadellos* ist, ist *shalem*, was bedeutet: friedfertig, **bereit gemacht**.[7]

Als ich diese Bedeutung las, war es, als ob ein Knallkörper in meinem Herzen losgegangen wäre! Ich habe es gesehen! Damit ist ein Herz gemeint, das "bereit gemacht" und positioniert werden muss, damit der Herr "sich stark zeigen" kann. Der Herr kommt zu Seinem Volk als der Mächtige Kriegsmann, der König der Herrlichkeit, der Herr stark und mächtig, aber der "Weg" muss vorher vorbereitet und bereit gemacht werden!

Darauf bezieht sich Psalm 24, Vers 7 und 9, wenn es heißt,

> *Hebt eure Häupter empor, ihr Tore, und hebt euch, ihr ewigen Pforten,* ***damit*** *der König der Herrlichkeit* ***einziehe****! (Betonung hinzugefügt).*

Das Wort damit bezieht sich auf die Konnotation, dass *etwas stattfinden muss, damit etwas anderes stattfinden kann*. Es muss ein Weg gemacht werden, damit Er "einziehen" kann.

Wir sehen dieses Prinzip immer wieder in der ganzen Schrift, aber das Hauptbeispiel wäre, wo der Herr Johannes den Täufer im Geist und in der Kraft des Elias sandte, um den Weg des Herrn "vorzubereiten" oder "bereit zu machen" (Lukas 1:17).

Der *Weg* bezieht sich darauf, dass die Herzen von Männern und Frauen so positioniert werden, dass sie das Gewicht Seines Kommens empfangen können. Wenn das Herz "bereit gemacht" wird, wie es in diesem Vers in 2. Chronik 16:9 steht, ist es demütig, hingegeben und ausgerichtet unter Seiner mächtigen Hand, bereit, die Macht des Herrn zu empfangen.

1. Petrus 5:6 sagt:

> *So demütigt euch nun unter die* **gewaltige Hand Gottes**, *damit er euch erhöhe zu Seiner Zeit! (Betonung hinzugefügt).*

Wir sehen hier die Position, die nötig ist, damit sich die mächtige Hand Gottes bewegen kann. Denn es war durch Seine *mächtige* ausgestreckte Hand, dass der Herr die Kinder Israel aus ihrer Sklaverei in Ägypten erlöste (Exodus 6:6). Die *mächtige* Hand oder der ausgestreckte Arm des Herrn ist ein Ausdruck in der jüdischen Tradition, der Gottes Gebrauch Seiner Macht im Namen der Juden darstellt. Wenn der Herr sagt: "Demütigen Sie sich unter der "Mächtigen Hand Gottes", dann bedeutet das, dass Sie sich unterwerfen, sich hingeben und Sie sich Seiner Fähigkeit unterwerfen, sich für Sie zu bewegen.

Es ist eine Unterwerfung unter Seine Fähigkeit, für Sie das zu tun, was Sie für sich selbst nicht tun können. Er will "den Mann spielen" und uns verherrlichen. Das bedeutet, Er will sich für uns einsetzen, stark sein und uns dorthin bringen, wo wir sein müssen. Wir müssen uns jedoch klar und deutlich in Demut positionieren, damit Er sich mächtig in unserem Namen bewegen kann. Das ist Demut. Denn nur ein Herz, das bereit ist, kann Ihm begegnen, wenn Er kommt. Deshalb schaut der Herr hin und her nach einem Herzen, das darauf vorbereitet ist, dass Er als König der Herrlichkeit, als der Herr, der stark und mächtig ist, einziehen kann. Denn wenn der König der Herrlichkeit auftaucht, ist auch ein *Gewicht* dabei.

DAS GEWICHT SEINES EINZUGS

Wer ist dieser König der Herrlichkeit? (Psalm 24:8)

Das Wort Herrlichkeit im Hebräischen gemäß Strongs Konkordanz ist *kabod*. Es bedeutet: Gewicht, Pracht, Fülle, Herrlichkeit.[8]

Seine Belohnung ist gewichtig. Es sind nicht nur Lollipops zu erwarten. Wenn der Herr mit Rache, Vergeltung und Belohnung kommt, hat das erhebliche *Gewicht*. Nur ein vorbereitetes Herz kann sich mit dieser Art von Pracht verbünden.

Damit der "König der Herrlichkeit" auftauchen kann, müssen bedeutende Vorbereitungen getroffen werden. Wenn eine Nation einen König beherbergen würde, würde die Regierung dieser Nation viel Zeit damit verbringen, sich auf sein Kommen vorzubereiten. Und so ist es bei uns, dass der Herr Sein Volk in hohem Maße ausrichtet und es auf Seine Ankunft als "König der Herrlichkeit" vorbereitet.

Als Jesus zum ersten Mal als das Lamm kam, musste der *Weg* vorbereitet werden. Diesmal kommt Er als der Löwe, und deshalb muss auch diesmal der *Weg* vorbereitet und bereit gemacht werden.

32

Kapitel 3

BAHNT DEN WEG FÜR DEN KÖNIG DER HERRLICHKEIT

Wenn der Herr Seinen Propheten offenbart, wie Er sich zu bewegen wünscht, dann geschieht dies mit der Absicht und dem Zweck, den Weg zu bereiten und Sein Volk vorzubereiten. Der Herr sagt, Er tut nichts, wenn Er es nicht zuerst Seinen Propheten offenbart (Amos 3:7). Warum ist das so? Weil sie Fürbitte einlegen und das Wort auf der Erde gebären. Es liegt in der Verantwortung des Volkes Gottes, sich an das Wort zu halten, dem Wort zuzustimmen und sich mit ihm auszurichten und wie Maria zu sein und zu sagen: "*Mir geschehe nach deinem Wort*" (Lukas 1:38). Der Herr hat Präzedenzfälle dafür, wie die Dinge ausgerichtet sein müssen, damit Er sich bewegen kann. Psalm 24 legt in einem in die Zukunft gerichteten Präzedenzfall dar, "wie" der Herr sich in unserer Generation zu manifestieren wünscht.

VORBEREITUNG AUF DEN KOMMENDEN KÖNIG

Ich taufe euch mit Wasser zur Buße; der aber nach mir kommt, ist stärker als ich, sodass ich nicht würdig bin, ihm die Schuhe zu tragen; der wird euch mit Heiligem Geist und Feuer taufen (Matthäus 3:11).

Johannes sprach von einer kommenden Herrlichkeit, die die Erde noch nie gesehen oder erlebt hatte. Diese Taufe des Heiligen Geistes und des Feuers war eine Herrlichkeit, die im Begriff war, offenbart zu werden, ein "Kommen" des Herrn, das in der Tat Vorbereitung erforderte. Diese Vorbereitung war Buße.

Dann sehen wir, wie Johannes *offenbart* oder *enthüllt*, **wie** der Herr Seinem Volk als Lamm Gottes begegnen wird.

Am folgenden Tag sieht Johannes Jesus auf sich zukommen und spricht: Siehe, das Lamm Gottes, das die Sünde der Welt hinwegnimmt! Das ist der, von dem ich sagte: Nach mir kommt ein Mann, der vor mir gewesen ist; der er war eher als ich. Und ich kannte ihn nicht; aber damit er Israel offenbar würde, darum bin ich gekommen, mit Wasser zu taufen (Johannes 1:29-31).

Als Johannes der Täufer erklärte: "*Siehe, das Lamm Gottes, das die Sünden der Welt hinwegnimmt*", war es, als ob er buchstäblich den Schleier abnehmen und offenbaren würde, wer Er ist und warum Er gekommen ist. Und so ist es in gleicher Weise die Aufgabe der prophetischen Stimme, *zu verkünden* und *zu offenbaren*, wer Er ist und warum Er gekommen ist.

Wir befinden uns jetzt in einer weiteren Zeit der Vorbereitung, denn Er wird bald wiederkommen. Er kommt als der Rächer, der Herr, stark und mächtig, der Herr, mächtig in der Schlacht, der Herr der Heerscharen, der allseits siegreiche Löwe von Juda, der König der Herrlichkeit. Um die Sache Zions zu rächen, um Vergeltung und Gerechtigkeit zu bringen, um jedes Unrecht richtig zu stellen, um ein Volk dazu zu bringen, in dem überwältigenden Antlitz des Löwen zu wandeln.

DER GEIST UND DIE KRAFT DES ELIAS ~ VORBEREITUNGSSTRATEGIE

Lassen Sie uns für einen Moment Jesaja 40:10 noch einmal Revue passieren:

*Siehe, Gott der Herr; kommt mit Macht, und sein Arm wird herrschen für ihn; siehe, sein Lohn ist bei ihm, und was er sich erworben hat, geht **vor** ihm her.*

Wir sehen hier in diesem Vers etwas sehr Interessantes. Wenn der Herr als der mächtige Mann kommt, um als König zu regieren, beachten Sie, dass es heißt, dass die Vergeltung vor Ihm geht. Kommen Sie jetzt mit mir auf einer Reise, auf der wir uns den Geist Elias genau anschauen und entdecken, dass diese "wegbereitende" Salbung, die die Herzen vorbereitet und ausrichtet, in Wirklichkeit ein Geist der Versöhnung und Wiederherstellung ist, der vor unserem kommenden König "geht".

In Maleachi 3:1 sagte der Herr, dass Er Seinen Boten senden werde, um den Weg *vor* Ihm zu bereiten. Lukas 1:17 offenbart, dass dieser Bote tatsächlich Johannes der Täufer war, der im Geist des Elias kam, um "den Weg *vor* Ihm zu bereiten". Wie im vorigen Kapitel erwähnt, ist der *"Weg"*, auf den Er sich bezieht, das Herz. Wir sehen, dass dies die Strategie des Herrn war, der Boten sandte, um Sein Wort zu verkünden und die Herzen der Menschen auszurichten, um das zu empfangen, was versprochen wurde. Diese Strategie hat sich nicht geändert.

Jesus wurde sogar in Matthäus 17:11-12 zitiert:

Elia kommt freilich zuvor und wird alles wiederherstellen.
Ich sage euch aber, dass Elia schon gekommen ist.

Wenn wir uns diese Aussage ansehen, scheint sie keinen Sinn zu ergeben. Auf der einen Seite sagt Jesus, dass Elias kommt, aber dann sagt Er, dass er bereits gekommen ist. Darf ich Ihnen sagen, dass es tatsächlich beides ist. Elias *kommt*, das heißt, der Geist Elias manifestiert sich weiterhin durch Seine Propheten, die fortwährend den Weg für das Kommen des Herrn vorbereiten (sowohl zu den gesetzten Zeiten des Herrn, als auch in der Zeitlinie der Zeitalter), aber in der Tat hat in und durch Johannes den Täufer besondere Instanz der Vorbereitung des Weges für die Manifestation des Messias auf Erden stattgefunden . Daher kommt Elias - also die fortgesetzte Botschaft der Propheten - und Elias ist gekommen - in der Manifestation Johannes des Täufers zu dem damaligen Zeitpunkt.

DER MANTEL AUS KAMELHAAR ~ DIE SALBUNG, HERZEN ZU WENDEN

Da Johannes der Täufer der in Maleachi 3 beschriebene Bote war, der im Geist und in der Kraft des Elias kam, um den Weg vor dem Herrn vorzubereiten, ist es interessant festzustellen, dass das Gewand des Johannes Kamelhaar war wie das des Elias (2. Könige 1:8; Matthäus 3:4).

Die primitive Wurzelbedeutung des Wortes *Kamel* im hebräischen lautet nach der Strongs Konkordanz: großzügig handeln, vergelten, *entschädigen* und *belohnen*.[1]

Dieser Mantel, der von Elia und Johannes dem Täufer getragen wird, ist ein Symbol der Versöhnung und Wiederherstellung, wobei die Herzen der Väter den Kindern und die Kinder den Vätern einander wieder zugewendet werden (Lukas 1,17; Maleachi 3:24). Der Geist und die Kraft des Elias ist eine Salbung der

Versöhnung, *Wiederherstellung* und *Buße* (was einfach bedeutet, der Welt den Rücken zu kehren und sich dem Herrn zuzuwenden).

Denn so wie Johannes der Täufer im Geist und in der Kraft des Elias ging und eine Stimme war, um eine Rückkehr der verlorenen Schafe Israels zu bewirken, so wird in dieser Stunde derselbe Mantel des Geistes des Elias freigesetzt, der die *Welt* und die *Gemeinde Christi* infiltriert, um eine große Rückkehr der Verschollenen und der Verlorenen zum Herzen des Vaters zu bewirken.

> *Und er wird [selbst] vor ihm hergehen im Geist und in der Kraft Elias, um die Herzen der Väter umzuwenden zu den Kindern und die ungehorsamen zur Gesinnung der Gerechten (welche die Erkenntnis und die heilige Liebe des Willen Gottes ist), um dem Herrn ein (im Geiste) zugerüstetes Volk zu bereiten (vollkommen vorbereitet, angepasst, in den richtigen moralischen Zustand versetzt und bereit (Lukas 1:17).*

Diese Salbung des Elias ist eine Salbung, die die Unbelehrbaren, Ungehorsamen und Ungläubigen erreichen und sie zur Weisheit der Aufrechten und zur *Liebe zum* Willen Gottes *führen* kann. Es ist eine versöhnende Salbung, eine Salbung, die den eigensinnigen zum Herzen des Vaters und das Herz des Vaters zu den Kindern *wendet*. Dies ist eine wundersame Salbung!

In dieser Stunde sendet der Herr Seine Boten, Seine Sprachrohre, im Geist und in der Kraft des Elias aus, um *vor* Ihm herzugehen, das "Kommen" des Herrn zu verkünden und eine für den Herrn gereinigte und verschönerte Braut vorzubereiten.

Statt zu proklamieren:

> *Siehe, das Lamm Gottes, das die Sünde der Welt hinwegnimmt! (Johannes 1:29)*

werden diese verkünden:

"Siehe, den Löwen des Stammes Juda, der triumphiert hat, der die Sache Zions rächt und Seinen Triumph und Sieg durch Seine vorbereitete und glorreiche Braut offenbart."

WARUM ELIAS?

Ich habe mich immer gefragt: Warum ist Johannes der Täufer im Geist und in der Kraft des Elias gekommen?

Warum nicht den Geist und die Kraft von Hesekiel, Jesaja oder sogar Jeremia?

Warum der Geist und die Kraft des Elias?

Darf ich Ihnen suggerieren, dass es daran lag, dass Elias ein Feuerprophet war!

Er stellte den Altar des Herrn in einer Zeit wieder her, in der Israel von der Wahrheit abgeirrt war und von Königin Isebels götzendienerischen Zaubereien und Hexerei beeinflusst wurde (1. Könige 18).

Als er den Propheten des Baal der Königin Isebel gegenüberstand, bot sein Amt ein Bild der Wiederherstellung der Reinheit für ein Volk desillusionierter Anbetung. Sie hatten ihren Gott vergessen und beteten um einen falschen Altar herum an. Elia stellte sich diesem falschen Götzendienst entgegen und demonstrierte Israel durch Macht (die sich nun mal als Feuer manifestierte) den wahren Gott.

Hier ist es wichtig festzuhalten, dass Elias' Dienst *Israel*, Gottes eigenem Volk, galt.

Und so sehen wir heute in vielerlei Hinsicht Gottes eigenes Volk im Leib Christi in der gleichen Lage, getäuscht von den Hexereien der von Menschen gemachten Religion, der Mischung der Welt, die die Gemeinde Christi zur Anbetung um einen falschen Altar verführt hat. Ein Altar sozialer Vereine, Professionalität, Selbstdarstellung und einer eigennützigen Kultur. In vielen Fällen ein Altar, an dem viel Lärm, aber keine Zeichen und Wunder stattfinden. Ein Altar der Anbetung, an dem religiöse Rituale praktiziert werden, aber ohne die Gegenwart Gottes.

WIEDERAUFBAU DES ALTARS ~ HERZEN AUSRICHTEN

Darf ich Ihnen vorschlagen, dass dies ein Bild davon zeichnet, dass die Boten, die den Weg des Herrn im Geist und in der Kraft des Elias vorbereiten, diejenigen sind, die zum *eigenen Volk* des Herrn gesandt sind. Seinen eigenen Leib, Seine eigene Gemeinde, um die "Mischung" zu konfrontieren, herauszufordern und zu enthüllen, die sich in die Anbetung der Heiligen eingeschlichen hat, die wie die Propheten des Baal in 1. Könige 18:26-29 viel Lärm und Rituale fördern, aber ohne offensichtliche Macht sind.

Diejenigen, die den Weg bereiten, sind diejenigen, die ein Volk zur Buße aufrufen. Buße bedeutet einfach, einen Sinneswandel zu vollziehen und sich von etwas abzuwenden und in die entgegengesetzte Richtung zu gehen. Der Herr ruft Sein Volk durch Seine Boten dazu auf, der Vermischung der Welt, der selbstüberhöhenden Anbetung, der götzendienerischen Hexerei den Rücken zu kehren und sein Herz dem einen wahren Gott des Himmels und der Erde zuzuwenden.

Die Feuerpropheten kommen im Geist und in der Kraft des Elias, um in Vorbereitung auf das Kommende eine wahre Ausrichtung und Wiederherstellung in den Herzen des Volkes Gottes herbeizuführen.

DER RÄCHER

Elias' Herausforderung an die Propheten des Baal in 1. Könige 18 ist ein prophetisches Bild von Reue und Ausrichtung. Es ist ein prophetisches Bild des Dienstes von Johannes dem Täufer, der den Weg vor Jesus vorbereitet und zeigt, wie die prophetischen und apostolischen Dienste dazu führen, dass eine Bewegung Gottes geboren wird.

> *Da Sprach Elia zu dem ganzen Volk: Tretet heran zu mir! Als nun das ganze Volk zu ihm trat, stellte er den [alten] Altar des Herrn, der [von Isebel] niedergerissen war, wieder her. Und Elia nahm zwölf Steine, nach der Zahl der Stämme der Söhne Jakobs, an den das Wort des Herren ergangen war: „Du sollst Israel heißen!" und er baute aus den Steinen einen Altar im Namen [und zur selbstoffenbarung] des Herrn und machte um den Altar her einen Graben so breit wie er für zwei Kornmaß Aussaat; und er richtete das Holz zu und zerteilte den Jungstier in Stücke und legte ihn auf das Holz, und er sprach: Tut es noch einmal! Und er sprach: Tut es zum dritten Mal! Und sie taten es zum dritten Mal. Und das Wasser lief rings um den Altar, und auch den Graben füllte er mit Wasser (1. Könige 18:30-35).*

Der Altar repräsentiert das Herz, und in diesem Fall bedeutet die Restaurierung des Altars die Ausrichtung des Herzens in seine wahre Position, damit das Feuer auf ihn fallen kann, was ein akzeptables Opfer darstellt.

Wir sehen hier das Bild der 12 Steine, die die göttliche Regierung darstellen, die die Ausrichtung der Regierung des Königreichs wiederherstellt, um es auf Gottes Art zu machen, nicht durch Macht und Kraft, sondern durch Seinen Geist (Sacharja 4:6).

EINE BEWEGUNG DER BUßE IST DER VORLÄUFER EINER AUSGIESSUNG VON ERWECKUNG

Das Opfer, das Elias auf dem restaurierten Altar zubereitete, wurde dann mit Wasser gesättigt. Dies veranschaulicht das Herz des Menschen, welches in den Strom der Buße durch Johannes des Täufers eingetaucht wird, der nach seinen eigenen Worten den Weg für einen bereitete, der mächtiger war als er, dessen Sandalen er nicht würdig war zu tragen (Matthäus 3:11). Einer, der mit dem Heiligen Geist und Feuer taufen würde. Wir wissen, dass dies in Apostelgeschichte 2 nach der Himmelfahrt Jesu erfüllt wurde, wo Er seinen Jüngern sagte, sie sollten gehen und auf die Verheißung warten. Das war die Erfüllung oder Taufe mit dem Heiligen Geist, die das Feuer darstellt, das den Altar des Herrn in 1. Könige 18:37-38 verzehrte:

> *Erhöre mich, o Herr, erhöre mich, damit dieses Volk erkennt, dass du, Herr, der [wahre] Gott bist, und damit du ihr **Herz zur Umkehr** bringst! Da fiel das Feuer des Herrn herab und verzehrte das Brandopfer und das Holz und die Steine und die Erde; und es leckte das Wasser auf im Graben. (Betonung hinzugefügt).*

Elias' ganzes Herz war es, ihnen den einen wahren Gott zu offenbaren, und ihre Herzen sollten sich zum Herrn zurückwenden. Die Art und Weise, wie Gott dies bewies, war durch Feuer.

Der prophetische Geist des Elias, der "vorausgeht", d.h. die Bewegung der Buße, wird durch das Ausgießen des Wassers über den Altar symbolisiert. Damit soll der Weg für das Feuer in Maleachi 3:19 vorbereitet werden, "*der Tag des Herrn, der wie ein Ofen brennt*", das die apostolische Gemeinde meint, die "*wie Kälber aus dem Stall freigelassen*", geheilt, befreit und den Feind wie Asche unter ihren Füßen unterworfen hat.

Wir befinden uns gerade in einem Vorbereitungsprozess, in dem der Herr über Seine Boten, die den Geist der Buße tragen, Wasser über den Altar des

Herzens gießt. Diese prophetischen Sprachrohre bereiten die Herzen Seines Volkes darauf vor, ausgerichtet, positioniert und bereit zu sein.

BOTEN DES FEUERS

Der Herr sendet in dieser Stunde Seine Boten zu Seinen Geliebten. Diese Boten des Feuers leiten eine mächtige Bewegung der Buße ein, die den Leib Christi wie ein Buschfeuer im australischen Busch hinwegfegen wird. Es wird wild lodern, und es wird ihre *erste Liebe* hell brennen lassen!

Umhüllt mit dem Mantel aus Kamelhaar, auch bekannt als der Geist des Elias, tragen diese den Fluss der Reue und lassen ihn wieder frei, indem sie ein abgelenktes, desillusioniertes, doppelzüngiges und lauwarmes Volk dazu aufrufen, wieder ein Herz zu haben, in dem das Feuer der Liebe zu ihrem König wütet.

Es wird eine Bewegung der Buße geben, die das Volk Gottes wie ein Tsunami überfluten wird, der es zu seiner ersten Liebe zurückführt.

Wie die Galater, die sich von ihren Taten durch den Geist entfernt haben, sind viele im schönen Leib Christi in die Falle der Leistung und des Wohlgefallens des Menschen geraten, indem sie ihr Knie unter dem Druck und der Verlockung eines Anti-Christus-Geistes beugen, dessen Auftrag darin besteht, den Altar der Anbetung mit den Wegen der Welt zu vermischen und zu verunreinigen. Das Ergebnis ist ein machtloses Volk, das bei der Demonstration und Verehrung der Gegenwart und Macht Gottes abwesend ist.

Und wenn sie in diesem Strom der Buße neu getauft werden, wird der Herr sie wieder zum Glauben, zur Hoffnung und zum Träumen bringen. Sie werden im Glauben wandeln und nicht im Schauen. Sie werden dem Herrn vertrauen und nicht mehr aus den Zisternen der weltlichen Mischung trinken. Sie werden sich nicht länger mit Lauheit oder dem Status quo zufriedengeben.

Denn dieses Wort, das diese Boten des Feuers tragen, wird eine Trennung bringen zwischen denen, die Gott wirklich suchen, und denen, die Ihn nicht suchen. Es wird eine Trennung bringen zwischen denen, die im Geist und in der Wahrheit anbeten wollen, und denen, die beim „Lärm" machen um den falschen Altar, glücklich sind.

Wenn der Herr diese Feuerbrandboten freilässt, werden wir viele Sonntagschristen sehen, die zum Jordan hinunterlaufen und rufen: "Was muss ich tun, um wirklich gerettet zu werden? Einige von ihnen werden Pastoren und Leiter sein, die von einem System erdrosselt wurden, das eine Christuszentrierte, vom Geist geführte Agenda nicht fördert. Denn wo der Geist des Herrn ist, da ist Freiheit (2. Korinther 3:17). Es wird eine echte Rückkehr vieler zum rechten Altar und zurück in die Gegenwart Gottes geben. Viele werden Leistungen für die Vertrautheit mit dem Herrn und ihre eigene Tagesordnung für die Tagesordnung des Himmels aufgeben. Viele werden das finden, wonach sie schreien, wenn diese Boten mit Kühnheit und Mut den Himmel durch Erlässe bewegen und erschüttern, um die Strukturen der dämonischen Einflüsse in der Gemeinde Christi abzubauen.

Diese Boten des Feuers werden die "Mischung" enthüllen, die sich über die Kanzeln in die Herzen der Gläubigen eingeschlichen hat. Wie zu Elias' Zeiten werden sie wieder furchtlos die "falschen Äußerungen" herausfordern, die das Wort Gottes verwässert haben, indem sie Gottes Volk dazu veranlasst haben, den Götzendienst anzunehmen und einen falschen Altar der Anbetung zu errichten, während sie gleichzeitig Gottes Volk dazu verleiten, Sklave von Performanz und Ritualen zu sein.

Diese Feuerpropheten werden das Wort des Herrn "messerscharf" verkünden, das den Unglauben in den Herzen des Volkes des Herrn bis in den Kern durchschneiden und eine Trennung zwischen Lüge und Wahrheit herbeiführen wird. Das Volk des Herrn wird nicht länger verwirrt und daran gehindert werden, klar zu sehen, weil das Wasser der Vermischung schlammig ist. Es wird nicht mehr zwischen "zwei Meinungen" (1. Könige 18) hinken und nicht erkennen können, wer der eine wahre Gott ist. Sie werden nicht länger durch Hexerei und fleischliche Werke in die Irre geführt werden. NEIN!!!

Der Herr ruft Seine Geliebte zu einer reinen Anbetung auf, zu einer Anbetung, die im Geist und in der Wahrheit geschieht, von einem Altar des Herzens aus, der mit Wasser der Buße gesättigt ist, das aus dem Geist statt aus der Seele fließt. Fließen aus der Reinheit des Herzens, nicht vermischt mit Heuchelei oder Leistung. Denn *das* ist die Anbetung, die Jahwe verlangt, wie Johannes 4:23-24 so deutlich sagt. Denn der Herr bereitet in dieser Stunde Sein Volk auf Sein Kommen vor. Er bereitet den Weg des Herrn vor.

Bahnt den Weg für den König der Herrlichkeit

Kapitel 4

EINE VERÄNDERUNG DER LANDSCHAFT

Die Stimme eines Rufenden [ertönt]: In der Wüste bereitet den Weg des Herren [räumt die Hindernisse aus dem Weg], ebnet in der Steppe eine Straße unserem Gott! Jedes Tal soll erhöht und jeder Berg und Hügel erniedrigt werden; was uneben ist, soll gerade werden, und was hügelig ist, zur Ebene! Und die Herrlichkeit des Herrn wird sich offenbaren, und alles Fleisch miteinander wird sie sehen; denn der Mund des Herrn hat es geredet (Jesaja 40:3-5 Betonung hinzugefügt).

Diese Schriftstelle beschreibt klar den Prozess der Vorbereitung, damit die Herrlichkeit des Herrn der Menschheit offenbart werden kann. Sie offenbart die gegenwärtige Landschaft, die von einem Extrem zum anderen erneuert wird. Von Tälern zu Ebenen, von Bergen zu Ebenen, von krummen zu geraden und von rauen zu glatten Wegen. Unsere Herzen müssen einen Landschaftswandel durchmachen in der Bereitschaft für Sein Kommen und zur Erfüllung jedes Dekrets oder Versprechens, das vom Himmel über unser Leben gesprochen wird.

Jesaja 40 sagt deutlich, dass es eine "Stimme" eines Schreienden gibt, die aus der Richtung der Wildnis kommt. Das sind die prophetischen Werkzeuge des Herrn, die Propheten des Herrn, die selbst in der Wüste vorbereitet und als Vorläufer ausgesandt wurden, um, "vorauszugehen" und ein Volk für den Herrn bereit zu machen.

Die Stimme und der Klang, die diese tragen, haben, wie Jesaja 40:3 erklärt, die Macht, zu nivellieren, zu senken, gerade zu richten und zu glätten, damit die Herrlichkeit des Herrn offenbart wird.

VORBEREITUNG DURCH DIE WILDNIS

Die Zeiten der Wüste zwischen dem Erlass und der Erfüllung unseres Versprechens dienen als Vorbereitungsmechanismus, damit wir auf das vorbereitet werden, was der Herr verordnet und versprochen hat. Wir sehen, dass dieses Beispiel mit den Kindern Israels demonstriert wurde. Sie durchquerten die Wildnis auf dem Weg in ihr verheißenes Land. Jesaja 40 erklärt, dass die Straße oder sagen wir "der Weg" Gottes in der Wüste gemacht wird. An den trockenen Orten werden wir auf die Verheißung vorbereitet, die Er aus Seinem Mund verordnet hat.

ALSO, WIE SIEHT ES AUS?

Jesaja 40:3-5 zeigt, wie diese Landschaftsrenovierung aussieht. Es gibt vier Teile zu dieser Landschaftsveränderung im Herzen.

Vers 4:

Jedes Tal soll emporgehoben werden

Schlachten werden in Tälern geschlagen. Täler sprechen von ungünstigen und herausfordernden Zeiten in unserem Leben. Zeiten der Prüfungen und Tests, der Kriegsführung und des Glaubenskampfes. Zeiten unerwarteter Härten und Kämpfe im Leben. Zeiten, in denen unsere Feinde und ihre Pläne über uns erhaben und zu groß schienen, als dass wir sie überwinden könnten. Oder sogar Zeiten in unserem Leben, in denen wir dachten, wir würden nicht überleben und es lebend aus dem Tal herausschaffen.

Nach der Strongs Konkordanz ist das Wort *Tal* im Hebräischen *fröhlich*, was übersetzt bedeutet: eine *Schlucht* (von den hohen Seiten; daher eng).[1]

In verschiedenen Wörterbüchern wird eine Schlucht wie folgt erklärt: ein enges Tal zwischen Hügeln oder Bergen, typischerweise mit steilen Felswänden und einem Bach, der durch die Schlucht fließt.

Können Sie sich das vorstellen?

Dies ist dasselbe hebräische Wort, das David im berühmten Psalm 23:4 benutzte, um das Tal des Todesschattens zu beschreiben.

> *Und wenn ich auch wanderte durchs* **Tal** *der Todesschatten,*
> *so fürchte ich kein Unglück.*[2]

Diese Arten von Tälern werden nicht als flache Ebenen zwischen Bergen erklärt, sondern als Täler, die wie eine *Schlucht* erscheinen. Man kann dies mit Situationen und Umständen und Feinden vergleichen, die gegen uns gepresst werden, scheinbar riesig, hoch und unmöglich zu überwinden. In diesen Tälern umgibt uns die Angst vor Tod und Niederlage, da wir uns auf engem Raum befinden, manchmal sogar auf einem Raum, der zu eng zu sein scheint, um ihn zu passieren. Wir können je nach der Größe unserer Situationen, Umstände, Schwierigkeiten und Feinde Einschüchterungen erfahren.

DER RÄCHER

Es ist interessant festzustellen, dass der Wortstamm des hebräischen Wortes *fröhlich (Tal) gevah lautet*, was übersetzt soviel bedeutet wie: Erhabenheit, Arroganz: - Erheben, Stolz.[3]

Wir sehen, dass diese Täler und Schluchten, Zeiten in unserem Leben sind, in denen unsere Lebensumstände und Feinde über uns erhaben zu sein schienen. Sie scheinen einen Sieg über uns errungen zu haben und riefen: "Niederlage, Niederlage, Niederlage!

Aber der Herr *hebt* diese Täler an.

Nach der Strongs Konkordanz ist das hebräische Wort für *anheben nasa*, was übersetzt bedeutet: verzeihen, vergeben, wegtragen, entblößen, davon tragen, ablegen, hervorbringen.[4]

Diese Definition spricht von Erlösung, Befreiung und Heilung von unseren Feinden.

> *Fürwahr, er hat unsere **Krankheit [Schwäche und Nöte] getragen** und unsere Schmerzen auf sich geladen.*
> *(Jesaja 53:4 Betonung hinzugefügt).*

Das Wort, *getragen* in der Strongs Konkordanz in dieser Schrift, ist dasselbe hebräische Wort, das in Jesaja 40:4 verwendet wird, um jedes Tal zu *heben*.[5]

O, was für ein schönes Bild das zeichnet! In diesen Talzeiten der Kämpfe des Lebens können wir Leid, Traumata und Verwundungen erleiden.

Die Hebung dieser Täler spricht von einer Zeit der Heilung und Wiederherstellung der verwundeten und befallenen Bereiche.

Propheten des Trostes, die jedes Tal erheben und ebnen

Wenn wir bis zum allerersten Vers von Jesaja 40 zurückgehen, beginnt der Herr mit einer Trosterklärung. Es ist das Herz, aus dem der Herr motiviert wird, Seine Geliebte auf Sein Kommen vorzubereiten.

> *„Tröstet, tröstet mein Volk!", spricht euer Gott.*
> *(Jesaja 40:1).*

Der Herr sendet Propheten des Trostes zu Seinem Volk, um jedes Tal zu erheben und den Weg des Herrn vorzubereiten. Diese Boten des Herrn, die gesandt wurden, um die Herzen Seines Volkes vorzubereiten, tragen den heilenden Balsam und die Gegenwart Gottes. Sie sprechen den Herzen des Volkes Gottes Trost zu, indem sie das Öl der Freude für die Trauer ausgießen, das Gewand des Lobes statt der Schwere verleihen, die Wunden der gebrochenen Herzen verbinden und Asche zu Schönheit werden lassen. Wie im wahren Geist des Elias tragen sie die Botschaft von Wiederherstellung, Vergeltung und Versöhnung. Eine Botschaft der Hoffnung, die die lähmende Enttäuschung und Niedergeschlagenheit der Talzeiten wegschmelzen lässt und das Herz zu einem Erwachen einlädt, um wieder zu glauben.

Jeder Berg und Hügel wird niedrig gemacht werden.

Berge stehen für den Stolz des Menschen, für die hohen und erhabenen Vorstellungen, die sich gegen die Erkenntnis Gottes erheben. In diesen Bereichen des Stolzes und der Arroganz verlassen wir uns auf unsere eigene Stärke und Weisheit und rühmen uns unserer eigenen Stärke und Weisheit, abseits von Seiner Gnade und Weisheit. Es können auch Throne der Ungerechtigkeit sein, die gegen den Verstand des Geistes gerichtet sind und sich daher dem Wirken des Geistes Gottes widersetzen. Der Herr kann ein eigenständiges Herz, das nicht in Demut positioniert ist, nicht bevollmächtigen oder sich in ihm bewegen. Jakobus 4:6 sagt, dass Er den Demütigen mehr und mehr Gnade gibt.

Hohen und erhabenen Herzenshaltungen werden durch die Zeiten der Wüste und der Wildnis entgegengewirkt.

> *Und du sollst an den ganzen Weg gedenken, durch den der Herr dein Gott, dich geführt hat diese 40 Jahre lang in der Wüste, um dich **zu demütigen**, um dich zu prüfen, damit offenbar würde, was in deinem Herzen ist, ob du seine Gebote halten würdest oder nicht. Und er demütigte dich und ließ dich hungern und speiste dich mit dem Manna, das weder du noch deine Väter gekannt hatten, um dich erkennen zu lassen, dass der Mensch nicht vom Brot allein lebt, sondern dass er von all dem lebt, was aus dem Mund des Herrn hervorgeht (5. Mose 8:2-3 Betonung hinzugefügt).*

Diese Schrift weist auf den Grund hin, warum der Herr die Israeliten durch die Wüste geführt hat. Er wollte sie demütigen. Die Wüste brachte sie dazu, zu lernen, sich auf Gottes Kraft und Fähigkeit zu verlassen und nicht auf ihre eigene natürliche Weisheit. Dieser Prozess diente dem Zweck, dass sie Ihn weiterhin anerkennen würden, wenn sie in den Segen des verheißenen Landes eintreten würden. So werden auch wir durch Zeiten der Wildnis geführt, damit wir unsere Schwäche erkennen und in uns eine Abhängigkeit von Seinem Geist entwickeln, um von Ihm geführt zu werden, Seine Stärke zu erkennen und Ihm zu vertrauen.

Berge können auch Stolz in den Herzen anderer Menschen sein, der versucht, dem im Wege zu stehen, was der Herr im Leben der Menschen zu tun wünscht. Sie sind Hindernisse des Feindes, um die Absichten des Herrn zu vereiteln. Aber wer kann den Herrn, den Allmächtigen, aufhalten!

> *Wer bist du, großer Berg [der menschlichen Hindernisse]? Vor Serubbabel [der zusammen mit Josua die Rückkehr der Vertriebenen aus Babylon geleitet hatte und den Wiederaufbau des Tempels in Angriff nahm], vor ihm sollst du zur Ebene [einem bloßen Maulwurfshügel] werden! Und*

er wird den Schlussstein [des neuen Tempels] hervorbringen unter lautem Zuruf: Gnade, Gnade mit ihm!
(Sacharja 4:7 Betonung hinzugefügt)

Propheten des Blitzes, die jeden Berg niedrig machen

Diese Boten, die der Herr sendet, um Sein Volk vorzubereiten, sind wie Blitzableiter Gottes. Wie der natürliche Blitz die höchsten Punkte findet und trifft, so werden diese Propheten in den Blitzen Gottes wandeln, so werden sie das Wort des Herrn wie Feuer tragen und die Höhen des Hochmuts der Menschen treffen und herausfordern und sie an den niedrigen Ort der Buße rufen. Diese Boten des Feuers sind wie Feuerzeichen in der Hand des Herrn, sie werden Systeme in der Gemeinde Christi herausfordern, die die Agenda und den Stolz des Menschen über die Intimität und die Gegenwart Gottes fördern. Sie werden ein Volk zur Buße aufrufen und somit eine Rückkehr zur Furcht des Herrn und der Annahme der Heiligkeit Gottes einleiten.

Als Blitz in den Händen des Herrn werden sie selbst die härtesten Herzen durchbrechen.

Traum: - Explosive Feuerbälle bringen plötzlichen Durchbruch und göttliche Wende.

In meinem Traum sah ich Bälle aus "Feuer und Herrlichkeit" über Menschen explodieren.

Dann sah ich, wie die Feuerbälle über jemandem explodierten, der nicht mit Jesus ging der saß und ein Buch las. Er war auf der Suche nach Wissen, und eine Bombe der Herrlichkeit explodierte über ihm und brachte plötzlich die Offenbarung des Sohnes Gottes.

Als ich darüber meditierte und Gott danach fragte, fühlte ich, wie Er sagte, sie seien Bomben des Durchbruchs. Genauer gesagt, ein Durchbruch im Sinne einer *göttlichen Wende*.

Diese explosive Salbung war für Situationen der göttlichen Umkehr der härtesten Herzen gedacht. Wo die Gegenwart von Gottes Hand das Einzige sein könnte und wäre, was eine Situation verändern könnte.

Eine göttliche Wende lässt sich wie folgt erklären: Eine Situation, die sich in eine bestimmte Richtung bewegt, mit einem vorhergesagten Ausgang, in die plötzlich eine göttliche übernatürliche Kraft eingreift und einen entgegengesetzten Ausgang verursacht.

Als ich über die Bedeutung dieses Traums meditierte, führte mich der Herr zu Apostelgeschichte 26, wo Paulus sich an König Agrippa wendet und sein Zeugnis vom plötzlichen göttlichen explosiven Durchbruch mitteilt.

In den Versen 9-12 beschreibt Paulus, wie er diejenigen verfolgte, die an Jesus als den Messias glaubten, wie er sie bedrängte, verurteilte und sogar ermordete. Aber in Vers 13 offenbart er seine Begegnung mit dem "Licht vom Himmel", das ihn auf die Knie "schlug".

> *Da sah ich mitten am Tag auf dem Weg, o König, vom Himmel her ein Licht, heller als der Glanz der Sonne, das mich und meine Reisegefährten umleuchtete (Apostelgeschichte 26:13)*

Nach der Strongs Konkordanz ist das Wort *Licht* im Griechischen *phos*, was übersetzt bedeutet: Licht / Feuer.[6]

Ich glaube, es war der Blitz des Himmels, der Paulus zu Boden stieß. Der Blitz ist Feuer, das aufblitzt. Dieser Feuerball der Herrlichkeit, der Blitzschlag Gottes, unterbrach Paulus' Richtung und seinen Weg der Zerstörung und wandte ihn auf die Liebe und das Leben um. Die Blitze Gottes durchbrachen ein hartes Herz des Unglaubens und zwangen einen stolzen Mörder in die Knie. Sie brachten einen Mann aus der Finsternis ins Licht und ernannten ihn auf eine Reise als Diener des Herrn.

Aber stehe auf und stelle dich auf deine Füße! Denn dazu bin ich dir erschienen, um dich zum [meinem]Diener und Zeugen zu bestimmen für das, was du gesehen hast und für das, worin ich mich dir noch offenbaren werde; und ich will dich erretten von dem Volk und den Heiden, unter die ich dich jetzt sende, um ihnen die Augen zu öffnen, damit sie sich bekehren von der Finsternis zum Licht und von der Herrschaft des Satans zu Gott, damit sie Vergebung der Sünden empfangen und ein Erbteil unter denen, die durch den Glauben an mich geheiligt sind! (Apostelgeschichte 26:16-18).

Eine Begegnung mit dem Feuer Gottes veränderte für Paulus die gegenwärtige Welt zu seiner Zeit. Das Evangelium ging an Orte, die es sonst nie hätte erreichen können.

Es ist das explosive Feuer des Durchbruchs, das eine Situation im Handumdrehen umkehren und einen hohen und erhabenen Berg in eine Ebene vor Ihm verwandeln kann.

Wie bereits im vorigen Kapitel erwähnt, sind der Geist und die Kraft des Elias eine Salbung für eine Wende. Als wir in Lukas 1:17 studierten, sahen wir, dass es die Salbung ist, um die härtesten Herzen zum Vater zu wenden. Die Ungläubigen, die eigensinnigen, die starrsinnigen, die Sturköpfe. Die Salbung hat die Fähigkeit, die Hügel wie Wachs zu schmelzen, die durch Stolz errichtet wurden und sie zu ebnen.

Diese Boten, die die Erleuchtungen Gottes tragen, tragen ein Wort der Wahrheit, das diejenigen, die in der Dunkelheit sind, befreit. Diejenigen, die wie Paulus ein hartes Herz voller Stolz und Arroganz haben, werden feststellen, dass sie vor ihrem Erlöser auf die Knie fallen.

DER RÄCHER

Jede krumme Stelle gerade

Im Hebräischen ist nach der Strongs Konkordanz das Wort *krumm* das Wort *aqob*, das wie folgt definiert wird: betrügerisch, hinterlistig, krumm, verunreinigt.[7]

Es erinnert mich an Matthäus 17:15-17, wo Jesus sich an eine "perverse" Generation wendet, die den Glauben daran gehindert hatte, die Befreiung und Heilung des Mannes zu sehen, dessen Sohn Epilepsie hatte.

> *Und sprach: Herr, erbarme dich über meinen Sohn, denn er ist mondsüchtig und leidet schwer; er fällt nämlich oft ins Feuer oft ins Wasser! Und ich habe ihn zu deinen Jüngern gebracht, aber sie konnten ihn nicht heilen. Da antwortete Jesus und sprach: O du ungläubiges [verzogenes, eigensinniges, rebellisches] und verkehrtes Geschlecht! Wie lange soll ich bei euch sein? Wie lange soll ich euch ertragen? Bringt ihn her zu mir!*

Laut Strongs Konkordanz kommt das Wort *pervers* vom griechischen Wort *strepho*, was so viel bedeutet wie: drehen und wenden und umkehren.[8]

Dies ist die gleiche Implikation wie das Wort "*krumm*".

Haben Sie jemals das Sprichwort "das Recht beugen" gehört?

Das bedeutet, in die Irre zu führen, zu täuschen, krumm zu machen, zu verdrehen und zu manipulieren.

Verschiedene Wörterbuch-Bedeutungen der Rechtsbeugung sind: Verzerrung oder Korruption des ursprünglichen Laufs, der Bedeutung oder des Zustands von etwas.

Genau das ist der Auftrag des Feindes gegen die Gemeinde Christi, den ursprünglichen Kurs und die ursprünglichen Bedeutungen des Glaubens zu verzerren, zu verdrehen und zu korrumpieren. Er will die Schriften verunreinigen und verwässern, indem er sie manipuliert und sogar Glaubensschriften auslässt.

Das Wort *pervers* nach dem Merriam - Webster-Wörterbuch bedeutet: sich von dem abwenden, was richtig oder gut ist. Unangemessen, unkorrekt, *hartnäckig gegen das Richtige sein.* [9]

Es bräuchte nicht jemanden mit einem sehr hohen IQ, um sich in der Generation, in der wir heute leben, umzuschauen und festzustellen, dass wir in einer *perversen* Generation leben. Diese Perversion hat ihren Weg in die Gemeinde Christi gefunden.

Viele sind durch Winde von Lehren, die der Wahrheit zuwiderlaufen, durch skrupellose Menschen in die Irre geführt worden, die Irrtümer erfunden und jede Form von Tricks angewendet haben, um in die Irre zu führen (Epheser 4:14). Diese Lehren müssen nicht von den Kanzeln gesprochen werden, um die Geliebten des Herrn zu beeinflussen, auch wenn einige es werden, aber die größte Kanzel, die in den letzten Jahrzehnten böse Irrlehren an die Gemeinde Christi verbreitet hat, war Hollywood. Diese Plattform der dämonischen Sozialreform hat Doktrinen und Erzählungen ausgestoßen, um die Massen dazu zu bewegen, die Gesellschaft entlang einer bösen Agenda zu reformieren, und die Gemeinde Christi hat langsam die Pille geschluckt. Wir sind zum Baum der Erkenntnis von Gut und Böse gegangen und haben den Gnostikern und der Weisheit dieses Zeitalters zugehört und zugelassen, dass sie unsere Welt, unsere Gemeindestrukturen gestalten und unseren Glauben verschmutzen. Wir haben den Baum des Lebens, die Quelle des lebendigen Wassers, aufgegeben.

Es ist also wie in den Tagen Jesu, als in Matthäus 17:16-17 ihre verunreinigten Herzen ihren Glauben behinderten.

DER RÄCHER

Mehr als alles andere behüte dein Herz; denn von ihm geht das Leben aus (Sprüche 4:23)

Die Quellen des Lebens sollen aus unserem Herzen fließen und tote Situationen um uns herum zum Leben erwecken. Wenn wir das lebendige Wasser für unsere Quelle aufgegeben haben und zu einer anderen als Quelle gehen, dann kann das lebendige Wasser nicht fließen. Im Fall von Matthäus 17:15-17 floss das lebendige Wasser nicht, um den Jungen mit Epilepsie zu heilen, weil es *verunreinigt* war.

Im Großen und Ganzen hat die Gemeinde Christi ihre Augen und Ohren (das Herz) als Tore einer Botschaft aus dem Abgrund der Hölle übergeben. Wir sitzen und blicken auf Unmoral, Zauberei und Hexerei und denken, dass sie weder unsere Herzen noch unsere Häuser verunreinigen. Wir sehen uns Seifenopern an mit einer Botschaft, die besagt, dass Ehebruch, Unzucht, Homosexualität und Pornographie normal und in Ordnung sind. Und schlimmer noch, wir erlauben unseren Kindern, sich auch mit solchem Dreck zu unterhalten.

Der Herr hat Seine Geliebte dazu berufen, Überwinder zu sein, den Kopf und nicht den Schwanz zu sein, oben und nicht unten zu sein (5. Mose 28). Deshalb kommt Er, um sie vorzubereiten, im Geist und in der Kraft des Elias, und Er macht jeden krummen und verkehrten Weg gerade.

Seine Feuerpropheten werden ausgesandt, um das verseuchte Wasser zu reinigen, wo viele eine Lüge gegen das Wort Gottes geglaubt haben und es in ihren Herzen Wurzeln geschlagen hat. Eine weitere aufregende Sache am Geist und an der Kraft des Elias ist, wie Johannes der Täufer erklärt, dass sie eine Axt schwingende, entwurzelnde Salbung ist.

Es ist aber schon die Axt an die Wurzel der Bäume gelegt. Jeder Baum nun, der keine gute Frucht bringt, wird abgehauen und ins Feuer geworfen! (Matthäus 3:10)

Diese Elias-Salbung geht an die Wurzeln der Verunreinigung, die Fruchtlosigkeit verursacht. Jesus verfluchte den Feigenbaum in Matthäus 21:18-19, weil er keine Frucht trug, als Er hungrig war. Der Feigenbaum ist ein Symbol für Israel (Gottes eigenes Volk).[10] Wir sind jetzt durch Jesus als geistliches Israel eingepfropft (Römer 11:17), und unser Herr und Erlöser verlangt von Seinem Volk, dass es zu jeder Jahreszeit Früchte trägt (2. Timotheus 4:2). Wo es einen Bedarf gibt, sollten wir bereit sein, lebendiges Wasser in diese Situation freizusetzen und zu sehen, wie das Himmelreich auf die Erde eindringt.

Deshalb wird in den Zeiten unseres Lebens, in denen der Herr krumme Stellen gerade macht, die Axt an die Wurzel der Dinge gelegt, die uns daran hindern, gute Früchte zu tragen, und uns dazu bringen, schlechte Früchte zu tragen.

> *So spricht der Herr: Verflucht [mit großem Übel] ist der Mann, der auf Menschen vertraut und Fleisch zu seinem Arm macht, und dessen Herz vom Herrn weicht! Er wird sein wie ein kahler Strauch in der Einöde; er wird nichts Gutes kommen sehen, sondern muss in dürren Wüstenstrichen hausen, in einem salzigen Land, wo niemand wohnt. Gesegnet ist der Mann, der auf den Herrn vertraut und dessen Zuversicht der Herr geworden ist! Denn er wird sein wie ein Baum, der am Wasser gepflanzt ist und sein Wurzeln am Bach ausstreckt, der die Hitze nicht fürchtet, wenn sie kommt, sondern seine Blätter bleiben grün; auch in einem dürren Jahr braucht er sich nicht zu sorgen, und er hört nicht auf, Frucht zu bringen (Jeremia 17:5-8).*

Damit die guten Früchte in und außerhalb der Saison wachsen können, müssen wir am lebendigen Fluss gepflanzt werden und unsere Hoffnung, unser Vertrauen und unsere Zuversicht auf Ihn und nur auf Ihn setzen. Dies ist der Schlüssel dafür, dass die Kraft des lebendigen Wassers fließen und der Welt um uns herum Leben bringen kann.

Ungehindert ist das Wort Gottes im Leib Christi verwässert worden, Kompromisse haben sich eingeschlichen, unsere Lehre verunreinigt und vermischt, um den Massen zu gefallen. Das direkte Ergebnis und die Frucht dieser Verseuchung ist ein Mangel an Macht und Demonstration der göttlichen Autorität des Himmelreiches durch Sein geliebtes Volk. Dies ist es, was Jesus in Matthäus 17:15-17 ansprach.

Matthäus 4:4 sagt:

> *Der Mensch lebt nicht vom Brot allein, sondern von einem jeden Wort, das aus dem Mund Gottes hervorgeht!*

Das lebendige Wort Gottes muss die letzte Autorität in unserem Leben sein. Es spielt keine Rolle, ob wir die Einzigen in unserer Gemeinschaft sind, die an das Wort Gottes glauben und es tun. Wenn wir ein Noah sein sollen, dann soll es so sein.

Wenn das Wort Gottes die letzte Autorität in unserem Leben ist, sind wir der Autorität der Regierung des Königreichs unterworfen. Wenn wir der Autorität des Königreichs unterworfen sind, manifestiert es sich durch unser Leben.

Das lebendige Wasser fließt, weil wir aus dem wahren Brunnen des Lebens trinken.

Propheten des Feuers, die Kohlen der Wahrheit tragen, die mit Barmherzigkeit beschichtet sind ~ Senkblei Propheten!

Der Herr versucht, Sein Volk wieder auf den Weg des Glaubens zu führen, angefacht durch das Feuer der ersten Liebe zu Ihm. Wenn Seine Geliebte durch die wiederhergestellte Intimität für Ihn brennt, werden Früchte folgen. Intimität trägt Früchte.

"Die Fülle der Frucht kommt aus der Vertrautheit mit dem Herrn" - Heidi Baker

In dieser Stunde wird die Wahrheit in die Ohren der Gemeinde Christi wiederhergestellt. Boten mit Kohlen der Wahrheit, die mit Barmherzigkeit überzogen sind, werden zu Seiner Geliebten gesandt, um jeden krummen und perversen Weg gerade zu machen. Auf diesem Wort liegt ein Feuer, das durch ein Herz voller Liebe vermittelt wird, um jede Missetat aus dem Herzen zu reinigen.

Durch Barmherzigkeit, Liebe und Wahrheit und Treue wird die Ungerechtigkeit aus dem Herzen getilgt (Sprüche 16:6 zusammengefasst).

O, die Verantwortung für diese Reformer, die Einsichten und die Wiederherstellung der vergessenen Wahrheiten in den Leib Christi tragen. O, die gewichtige Verantwortung der Botschaft Gottes gegenüber Gläubigen, die verloren gegangen sind und vom Weg der Wahrheit abgeirrt sind, weil sich ein verwässertes Evangelium mit der Weisheit dieser Welt und dieses Zeitalters vermischt hat. O, die *Verantwortung*, die Geheimnisse Gottes und vor allem die Übermittlung dieser Botschaft zu tragen.

Ich sehe an diesem Tag mehr denn je, dass der Herr "Senkblei Propheten" erhebt. Jene, die dazu berufen sind, der Gemeinde Christi die Wahrheiten zurückzugeben und eine Lotausrichtung herbeizuführen.

Ein Senkblei ist ein Instrument, das im Hochbau verwendet wird, um sicherzustellen, dass das Gebäude gerade und vertikal gebaut wird. Senkbleipropheten sind wie dieses Bauinstrument in der Hand des Herrn über dem Leib Christi. Sie bringen Ausrichtung, damit der Leib in der Spur bleibt und nicht auf ihren Wegen krumm wird.

Ich glaube jedoch, dass der Herr diejenigen, die reformierende „richtende Wahrheiten" vertreten, daran erinnern möchte, nicht zu vergessen, dass es die

Barmherzigkeit und die *Wahrheit* sind, durch die die Ungerechtigkeit aus dem Herzen eines Menschen entleert wird. Nicht nur durch die *Wahrheit allein*.

Die mit Barmherzigkeit überzogene Wahrheit wird aus einem Herzen der Demut übermittelt, auch wenn der Inhalt des Wortes sehr konfrontierend und herausfordernd sein mag. Ein Wort in Barmherzigkeit bedeutet nicht eine flauschige, im Ohr kitzelnde Prophezeiung, an die einige falsch informierte Brüder glauben. Aber die Worte, die bei der Verkündigung die größte Barmherzigkeit brauchen, sind jene, die besonders konfrontierend und herausfordernd sind. Diese Kohlen der Wahrheit gepaart mit Barmherzigkeit werden eine solche "Wendung" und "Rückkehr" derjenigen bewirken, die begehren, um den rechten Altar herum anzubeten.

Jeder raue Platz glatt

Das Wort *rau* im Hebräischen gemäß Strongs Konkordanz ist *rekes*, was übersetzt ein Bergrücken, eine raue Stelle bedeutet und vom Wortstamm *rakas* abgeleitet ist, was bedeutet: verbinden oder binden.[11]

Die Brown-Driver-Briggs' hebräische und englische Lexikon-Definition lautet: eine unpassierbare Gebirgskette, die zusammengebunden oder *behindert* ist.[12]

Interessanterweise bedeutet *behindert*: jemanden oder etwas zu *verzögern* oder zu verhindern, indem man ihn oder sie versperrt, um zu behindern.

Synonyme zu diesem Wort behindert sind unter anderem erschweren, Hindernis, durchkreuzen, entgleisen, bremsen, zurückhalten, fesseln, anketten, verkrüppeln, blockieren und frustrieren.

WOW!

Können Sie das nachempfinden?

Das hebräisch-chaldäische Lexikon von Gesenius erklärt, dass das Wort *grob* meint: "gebundene Orte", raue und schwer passierbare, schwer durchquerbare Orte, Kalamitäten und widrige Umstände.[13]

Werfen wir nun einen Blick auf das Wort "*glatt*" oder wie es in der King James-Version als "die Fläche" erklärt wird.

In der Strongs Konkordanz ist das Wort *glatt/eben* im Hebräischen *biqah*, was übersetzt bedeutet: eine Spaltung, ein breites ebenes Tal zwischen Bergen, eine Fläche.[14]

Das hebräisch-chaldäische Lexikon von Gesenius erklärt den hebräischen Begriff *Biqah* zu: einem Tal, das durch die *Spaltung* und *Trennung* von Bergen entsteht.[15]

Spalten bedeutet *reißen* oder *trennen*.

Biqah kommt von einem anderen hebräischen Wort mit der Wurzel *baqa*, übersetzt bedeutet es: spalten; zerreißen, zerbrechen, aufreißen oder öffnen, einen Bruch machen, in Stücke brechen, bersten, herausschneiden, teilen, zerreißen und gewinnen.[16]

Wow! Mir gefällt, wie dieses Wort "brechen" und "teilen" bedeutet, sich aber auch auf das *Gewinnen* bezieht! Es ist die Brechersalbung, um den Sieg gegen unsere Feinde und Widersacher hervorzubringen!

Dasselbe Wurzelwort *baqa* wird für das Wort „gespalten" in Psalm 78:13,[17] verwendet

> *Er **spaltete** das Meer und führte sie hindurch und türmte die Wasser auf wie einen Damm. (Betonung hinzugefügt).*

Er brach gegen die Meere aus, Er schnitt und teilte sie und brachte ihnen den Sieg!

Wenn der Herr jede raue Stelle glatt macht, ist es das, was in unserem Leben geschieht. Das Unwegsame wird passierbar. Er spaltet unsere Feinde und bricht vor uns auf, bricht einen Weg auf, auf dem es keinen Weg gibt, auf dem wir den Sieg erringen können.

Juhu! Das ist wirklich ein Grund zum Jubeln!

Die Hammer-Propheten

Hammerpropheten prophezeien den Tag des Durchbruchs und tragen eine Brechersalbung auf dem Wort des Herrn, das aus ihrem Mund kommt. Sie schwingen Hammer und Hämmerchen des Herrn, die Durchbruch und Gerechtigkeit über die Häupter der Widersacher von Gottes Volk bringen.

Diese Hammerpropheten tragen das Wort des Herrn, das den hartnäckigsten Widerstand in Stücke bricht. Er wirkt wie ein Hackbeil und teilt die größte aller Festungen, indem er jede raue Stelle glatt macht.

> *Ist Mein Wort nicht wie Feuer [das alles verzehrt, was die Prüfung nicht ertragen kann], spricht der Herr, und wie ein* **Hammer***, der Felsen [des hartnäckigsten Widerstandes] zerschmettert? (Jeremia 23:29 Betonung hinzugefügt)*

Das Wort *Fels* im Hebräischen gemäß Strongs Konkordanz ist *sela*, was übersetzt Festung, steinige Festung bedeutet.[18]

Die gute Nachricht ist, dass der Herr bewirkt, dass Dinge, die wie Bergrücken, unüberwindbare Hindernisse, Widrigkeiten und Katastrophen aussehen, die versuchen, Ihren Lebenswerk zu behindern, zu versperren, zu entgleisen oder sogar zu vereiteln, zu einer glatten Ebene werden! Wo es Verzögerungen gab, wo Sie sich durch Umstände gefesselt fühlten, die vom Feind geschickt wurden, um Sie zu frustrieren und zurückzuhalten, sagt der

Herr, dass Er als der Brecher kommt, um alle Hindernisse des Feindes zu durchbrechen!

DIE FESTUNG DES FRANKENSTEIN ~ WIE BITTE?

Während ich dieses Stück über die felsigen Festungen und Hochburgen schrieb, gab mir der Herr einen Traum, der eine Offenbarung über Sein Volk und seine gegenwärtige Lage an den rauen Orten aufblies.

In meinem Traum hörte ich eine Stimme zu mir sagen, die, wie ich glaube, der Herr oder sein Engel als Bote war;

"Die Gemeinde Christi hat sich bisher unter Frankenstein befunden, denn STEIN bleibt".

Ich wachte auf und dachte: "Wie bitte Herr? Was könnte das bedeuten?"

So begann eine Schatzsuche. Ich begann, über Frankenstein zu recherchieren, da ich mit der Geschichte nicht vertraut bin, sondern nur mit dem vertrauten Bild der Kreatur, die Frankenstein darstellt.

Frankenstein; oder der moderne Prometheus ist ein Roman der Autorin Mary Shelley, der die Geschichte von Victor Frankenstein erzählt, einem Wissenschaftler, der eine Faszination für die Erschaffung von Leben hatte und erfolgreiche Experimente durchführte, die Frankensteins Monster wurden. Diese entstellte, kluge Kreatur ertrug viel Not, als sie allein lebte, und wurde wegen seiner beängstigenden Erscheinung von allen abgelehnt. Später rächte sich diese Kreatur an seinem Schöpfer Victor, der es zu bedauern begann, durch seine wissenschaftlichen Experimente in die Natur eingegriffen zu haben.

DER RÄCHER

Der westliche Prometheus wird von einigen als eine Gestalt des menschlichen Strebens, insbesondere des Strebens nach wissenschaftlichen Erkenntnissen, betrachtet, auf die Gefahr hin, dass es zu weit geht oder unbeabsichtigte Folgen hat. Er wird auch als eine Figur angesehen, *deren Bemühungen um die Verbesserung der menschlichen Existenz auch zu Tragödien führen könnten.*

Ich höre Sie denken, ja, aber was in aller Welt hat das mit meiner felsigen unpassierbaren Festung zu tun?

Schön, dass Sie fragen! Halten Sie durch, ich komme gleich zum Punkt.

Nachdem ich kurz die Geschichte von Frankenstein recherchiert hatte, wurde mir klar, dass ich mit der Geschichte so wenig vertraut bin, dass ich dachte, die Kreatur hieße Frankenstein, aber in Wirklichkeit war Frankenstein der wissenschaftliche Schöpfer selbst. Was nun Sinn macht, wie ich den Satz in meinem Traum gehört habe.

"Die Gemeinde Christi ist bisher "unter" Frankenstein gewesen, weil "Stein" geblieben ist."

Der Traum deutet also im Wesentlichen auf den Schöpfer Frankenstein und nicht auf die Kreatur selbst. Schenken Sie mir bitte noch Ihre Aufmerksamkeit, wir sind gleich bei der Auflösung.

Ich habe dann die Bedeutung des Namens Victor Frankenstein erforscht, um zu sehen, warum "Stein" so bedeutsam ist. Ich trennte den Namen.

Der Name *Victor* bedeutet: Eroberer[19]

Der Name *Franken* bedeutet: Sohn von Frank[20]

Der Name *Frank* bedeutet: Freier, oder freier Landbesitzer[21]
Stein ist ein deutsches Wort, das bedeutet: Stein, oder Fels[22]

Ich begann zu sehen, wie alle Puzzleteile zusammenpassen.

Lassen Sie uns das, was ich in meinem Traum gehört habe, neu formulieren, und ich werde die Interpretation, die der Herr mir in Bezug auf diese Recherche gezeigt hat, mit Ihnen teilen.

"Die Gemeinde Chrisi ist bisher "unter" Frankenstein gewesen, weil "Stein" geblieben ist."

Die Gemeinde Christi (Gottes eigenes Volk) ist einer falschen Ideologie des modernen Prometheus (die ihre Wurzeln in der griechischen Mythologie hat), des griechischen, von Gott getrennten Denkens, untergeordnet oder unterworfen gewesen. Paulus nannte sie Gnostizismus. Es ist eine Weisheit, die vom Verstand des Heiligen Geistes getrennt ist. Es bedeutet Essen aus der Erkenntnis von Gut und Böse. Wir haben versucht, in unserer eigenen bloßen Weisheit das anzustreben, zu erschaffen und geschehen zu lassen, was nur Gott zusteht. Wir haben uns vom Herrn entfernt und versucht, unsere eigenen Erlöser zu sein. Ohne Erfolg, denn "Stein" bleibt. Wie in der Geschichte von Frankenstein bedauert der Wissenschaftler seine Bemühungen, in ein Reich des Schöpfers einzutreten, das nicht erforscht werden sollte. Diese Anstrengung des Strebens führte dazu, dass sich seine eigene Schöpfung gegen ihn wandte.

Dieses Bild ist ein Bild davon, was passiert, wenn wir in unserem Leben Ismael schaffen. Wir versuchen, Gottes Verheißung in unserem Leben durch unsere eigenen natürlichen Anstrengungen zu erfüllen. Dann wird er zu unserem eigenen Feind. Wir sehen das in der Geschichte Abrahams, als er aus eigener Kraft versuchte, die Verheißung Gottes zu schaffen (1. Mose 16). Sarai, seine Frau, war unfruchtbar und gebar ihm keine Kinder. Dies ist ein Bild unseres Lebens. Unsere menschliche Kraft ist unfruchtbar, und wir brauchen die souveräne Kraft des Herrn, um zu erfüllen, was zuerst aus *Seinem* Mund gekommen ist. Wir kennen die Geschichte. Abraham nahm Sarais Magd und hatte Geschlechtsverkehr mit ihr, wodurch sie schwanger wurde und einen Sohn in seiner eigenen Stärke namens Ismael zur Welt brachte. Dieses Streben, Gottes Verheißung an Abraham durch eigene Kraft zu erfüllen, verursachte große Not und Schwierigkeiten in seinem Haushalt, und der Streit dauert bis heute an. Die Nachkommen Ismaels (die arabischen Nationen) stehen in Feindschaft zu den Söhnen Isaaks (Israel). Diese selbstgeschaffenen Ismael verursachen uns Kummer, Streit und Schmerz und kosten einen hohen Preis.

Sie sind der "Stein"-Teil von Frankenstein. Unsere eigenen Schöpfungen wenden sich gegen uns und können steinerne Festungen und Hindernisse errichten, die unpassierbar sind und uns fesseln. Sie verursachen uns Verzögerungen, Frustrationen, Widersacher und manches Unheil.

ZUM GLÜCK GREIFT GOTT EIN!

Der Herr hat uns als Victor Franken berufen, wie der Name bedeutet, "mehr als Eroberer", die "Söhne des Freien" sind. Wir sind aus eigenem Recht Landbesitzer, denen die Schlüssel des Königreichs gegeben wurden, um den Himmel auf die Erde zu bringen. Aus dieser Perspektive gesehen streicht der Herr den "Stein" aus diesem Zusammenhang!

WOW!

Er sendet Seine Feuerwerkzeuge, die das brechende Wort des Herrn wie ein Hammer tragen, um die hartnäckigsten Widerstände in Stücke zu schlagen. Selbst wenn diese hartnäckigen Widerstände durch unser eigenes Tun verursacht wurden, ist der Herr in dieser Zeit barmherzig und entwurzelt das Unkraut aus dem Weizen in unserem Leben. Er entwurzelt all das, was durch den Arm des Fleisches gepflanzt wurde, und trennt es von unserem Leben!

Er spaltet, trennt, zerbricht und bricht in unserem Leben hervor, durch all die Hindernisse, die uns daran hindern, die Herrlichkeit des Herrn zu erleben, die sich in der von Ihm bestimmten Zeit Seines "Kommens" offenbart.

Eine Veränderung der Landschaft

Chapter 5

DARF ICH EINZUG NEHMEN?

Hebt eure Häupter empor, ihr Tore, und hebt euch, ihr ewigen Pforten, damit der König der Herrlichkeit einziehe! Wer ist dieser König der Herrlichkeit? Es ist der Herr, der Starke und Mächtige, der Herr, der Held im Streit! Hebt eure Häupter empor, ihr Tore, ja hebt [eure Häupter], ihr ewigen Pforten, damit der König der Herrlichkeit einziehe! (Psalm 24:7-9)

Was könnte das bedeuten, "ob Er einziehen darf"? Es klingt wie eine bizarre Frage, da wir über den allmächtigen, den starken König der Herrlichkeit sprechen. Das Wort "darf" bezieht sich auf die Konnotation, dass Zugang gewährt wird. Irgendwie hängt Seine Ankunft von anderen Faktoren ab, dass etwas in Ordnung sein oder stattfinden muss, das "erlauben", "Platz schaffen" oder "den Weg bahnen" würde für Ihn "einzuziehen". Nach den Schriften in Psalm 24 (den wir uns näher ansehen werden) wird bewiesen, dass dies richtig ist.

Die Worte „Einzug nehmen" nach der Strongs Konkordanz im Hebräischen sind *bo*, was übersetzt bedeutet: ankommen, verweilen, sein, bleiben, hervorbringen oder etwas zu realisieren, Eingang.[1]

Mit anderen Worten, es bedeutet, aufzutauchen! Wir wollen, dass Gott sich in Macht und Stärke zeigt, aber der "Weg" muss vorbereitet oder richtig ausgerichtet sein. Wenn der "Weg" nicht richtig vorbereitet ist, ist es, als ob man neuen Wein in alte Weinschläuche gießt und der kostbare, heiß ersehnte neue Wein verschüttet und verschwendet wird (Markus 2:22). Wie wir in den letzten beiden Kapiteln gelernt haben, "bereitet der Herr den Weg" vor Seiner "Ankunft / Seinem Kommen". Der "Weg", der hier in diesem Abschnitt der Schrift erklärt wird, bezieht sich auf die Positionierung der Häupter der Tore.

Die Tore sind die Gemeinde Christi, aber die Häupter sind die Gemeindeführung, (wir werden dies gleich ausführlicher untersuchen). Der Herr bewegt sich in dieser Stunde durch Seinen Geist und gießt ein reinigendes, verfeinerndes Feuer aus, um die Herzen Seiner Häupter (Leiterschaft) darauf vorzubereiten und zu positionieren, dass der König der Herrlichkeit hereinziehen kann!

DIE KOMMENDE HERRLICHKEIT DES HERRN

Viele im Leib Christi haben Fürbitte eingelegt und nach Gott gerufen, damit Er Seinen Geist neu ausgießt und die Erde in Seiner herrlichen Herrlichkeit bewegt und reinigt. Wie wir wissen, spricht der Herr seit einiger Zeit durch Seine Propheten.

Diese Bewegung Seines Geistes wird nicht vergehen. Es wird kein flüchtiges Aufblitzen in der Pfanne-Erweckung sein. Es wird eine bleibende Geburt der Herrlichkeit sein und die Erziehung einer überwindenden Generation, die die Wiederkunft des Herrn einleiten wird.

Wie bin ich zu dieser Schlussfolgerung gekommen, fragen Sie sich vielleicht? Nun, wenn der Herr sagt, dass Er als König der Herrlichkeit kommt, dann wissen Sie, wenn ein König kommt, dass, Er, um zu regieren kommt. Zuerst kam Er als das Lamm, das Opfer.

Dieses zweite Mal kommt Er als der Löwe, als König. Der König der Herrlichkeit! Und Sein Königreich wird nicht vergehen!

Psalm 24 umreißt, dass es eine Regierungspositionierung gibt, die stattfinden muss, damit er "einziehen" und als der starke Mann, als der König der Herrlichkeit, regieren kann.

DER HERR RUFT EIN VOLK AUF, AUFZUSTEIGEN UND ZU STEHEN

Wenn wir Psalm 24 im Kontext betrachten, müssen wir mit der Frage beginnen, die in Vers 3 gestellt wird,

Wer soll auf den Berg des Herrn steigen? Oder wer soll an Seinem heiligen Ort stehen?

Der Berg des Herrn verweist auf Seine Gegenwart - Seine Wohnstätte. Wir sehen im Alten Testament, als die Kinder Israel in der Wüste waren, bevor sie das verheißene Land betraten, war der "Berg des Herrn" der Ort, an dem der Herr kommen und Mose treffen würde. Es war auch der Ort, an dem Mose die zehn Gebote, das Gesetz und die Anweisung erhielt, das Volk Gottes zu regieren. Mose war der einzige, der den Herrn auf dem Berg traf. Mose hatte eine innige Beziehung zum Herrn und hatte Zugang zu Seiner Gegenwart. Dies stellt Gottes Wunsch gegenüber Seinem Volk dar, es in die erlösende Intimität mit Ihm zu bringen.

Hier in Psalm 24 zeigt der Berg des Herrn Intimität, Herrlichkeit und Gemeinschaft auf. Es deutet auf Menschen hin, die wie Mose mit dem Herrn wandeln, die jetzt erlöst sind, die von Angesicht zu Angesicht miteinander kommunizieren und im himmlischen Reich der Herrlichkeit verweilen. Menschen, die, wie Mose, die Regierung des Himmels auf Erden ausführen.

Es gibt ein Volk, das der Herr ruft, aufzusteigen und zu stehen. Diese werden an den Beschränkungen der Erde vorbei aufsteigen und an dem geheimen Ort Seiner Gegenwart bleiben. Sie werden in der himmlischen Regierungsgewalt bleiben, die die Beschränkungen, Begrenzungen und Verderbnis dieses irdischen Reiches überwindet.

Die Frage wird jedoch zuerst gestellt. Wer soll dieses Volk sein? Wer soll diese Position einnehmen?

Die Antwort ist in Vers 4 offenbart,

> *Wer unschuldige Hände hat und ein reines Herz, wer seine Seele nicht auf Trug richtet und nicht falsche schwört.*

SAUBERE HÄNDE UND EIN REINES HERZ

Diese Schriftstelle spricht von Reinheit. Sie beschreibt diejenigen, die durch das verfeinernde Feuer gegangen sind, deren Motive gereinigt wurden, deren Werke erprobt und geprüft wurden.

Wenn Sie das Gefühl haben, in der letzten Zeit eine Prüfung nach der anderen und eine Testung nach der anderen durchgemacht zu haben, dann liegt das alles daran, dass Er diejenigen, die ein Herz nach Seinem Königreich haben und die in ihren Herzen Ja zum Herrn gesagt haben, ausrichtet. Ja, zu allem, was nötig ist, um einfach bei Ihm zu sein. Bitte verstehen Sie mich jetzt nicht falsch, ich spreche nicht von Tragödie und Verlust. Wie ich bereits gesagt habe, ist der Feind der Dieb, Mörder und Zerstörer, der Herr ist der Lebensspender.

Ich spreche von Herzensangelegenheiten. Das Feuer des Veredlers. Die Prüfungen unseres Glaubens. Der in den Kapiteln 2 & 3 dieses Buches beschriebene Prozess der Vorbereitung, bei dem der Herr jedes Tal ebnet, jeden Berg senkt, jede krumme Stelle begradigt und jede raue Stelle glättet. Vielleicht hatten Sie das Gefühl, Sie seien in die entgegengesetzte Richtung all der Verheißungen gereist, die Er Ihnen gegeben hat, aber in Wirklichkeit hat Er Sie positioniert und auf die Ausgießung des Segens vorbereitet, den Er Ihnen so gerne schenken möchte. Das Wort sagt, dass das Feuer notwendig ist, weil unser Glaube damit vollendet und erprobt wird und wir als pures Gold herauskommen (1. Petrus 1,6-7).

REINHEIT IST GLEICH EINEM HINGEGEBENEN HERZEN

Reinheit lässt sich nicht als Perfektion interpretieren. Psalm 24:4 sagt nicht, dass der Herr ein vollkommenes Volk wünscht, sondern ein Volk mit einem reinen Herzen. Reinheit ist gleich einem hingegebenen Herzen. Reinheit bedeutet nicht, dass keine Fehler gemacht werden, aber es bedeutet einfach, dass das Herz an einem Ort der Hingabe und Demut vor dem Herrn positioniert ist, wo Sein Wille und Sein Weg in ihrem Leben manifestiert werden können. Sie spiegelt einen echten Ausdruck des Glaubens wider und wird mit Nathanael verglichen, in dessen Herzen keine Arglist gefunden wurde (1. Petrus 1:7; Johannes 1:47).

Sie sind ein Volk, das sich Seinen Absichten unterworfen hat, das Gehorsam um jeden Preis praktiziert und sein Leben nicht einmal bis zum Tod geliebt hat. Diese sind hingegebene Liebende, die sich nicht der Lüge gebeugt haben (oder, wie die Schrift es ausdrückt, sich nicht selbst in Falschheit erhoben haben). Mit anderen Worten, sie dienen nicht einem gefälschten Ausdruck des

Herzens Gottes. Sie sind nicht daran gebunden, den menschlichen Systemen und religiösen Ritualen zu dienen. Sie streben nicht nach dem Ruhm des Menschen oder egoistischen Bestrebungen, sondern sind authentisch in ihrem Streben nach dem König. Sie sind diejenigen, die auf den Berg des Herrn steigen und an seinem heiligen Ort stehen werden.

EINE GENERATION VON SUCHENDEN

*Dies ist das Geschlecht derer, die **nach ihm fragen**, die dein Angesicht **suchen** - das ist Jakob! (Sela)*
(Betonung in Psalm 24:6 hinzugefügt).

Diese Aufsteiger sind auch Suchende, denn ohne vorheriges Suchen ist ein Aufstieg nicht möglich. Vers 6 offenbart diese Generation von Suchenden. Jene, deren Priorität es ist, Sein Gesicht zu suchen. Nicht nur der Macht hinterherjagen, sondern Ihn innig kennen lernen, wobei Seine Gegenwart der Preis ist, dringend danach trachten, Sein Gesicht zu sehen. Es gibt keine verborgenen Absichten, noch selbstfördernde Motive oder Ambitionen. Sie sind eine Generation, die Ihn begehrt und nur Ihn.

Ich glaube, dass es in dieser Zeit ein Erwachen dieser Generation gibt. Es gibt ein Erwachen der Gläubigen, die Sein Herz tragen, das aus einem Ort des "Suchens" und "Erkennens" geboren wurde. Wir sind diese Generation.

Eine Generation, so glaube ich, bezieht sich auf alle Menschen jeden Alters, die in einem Abschnitt der Zeit leben. Die Bezeichnung disqualifiziert niemanden jeglichen Alters. Wenn Sie also ein Kind sind oder am Vorabend Ihres Lebens stehen, gehören Sie für den Herrn zu dieser Generation. Wir befinden uns in dieser Zeit.

Um ein klareres Verständnis zu erhalten, wollen wir die Bedeutung bestimmter Wörter in Psalm 24:6 näher betrachten, indem wir die hebräischen Bedeutungen gemäß der Strongs Konkordanz erläutern.

Nach Ihm suchen ist *Darash*, was übersetzt heißt: Verfolgen, anbeten, erfragen, fordern, beraten, folgen.[2]

Sein Angesicht suchen ist *Baqash*, was übersetzt soviel heißt wie Nachstreben.[3]

Brown-Driver-Briggs' hebräisches und englisches Lexikon definiert "Sein Angesicht suchen" wie folgt: suchen, um zu finden, das Gesicht (die Gegenwart einer Person) suchen, gesucht werden.[4]

Eine Generation von Suchenden ist eine Generation von Menschen, die ihren Gott kennen, indem sie sich durch Studium, Ermittlung, Untersuchung und unerbittliches Streben ausbilden.

Dies ist die Generation, die dem König der Herrlichkeit den Weg bahnen wird.

DIE BELOHNUNG FÜR DIE SUCHENDEN

Der wird Segen empfangen von dem Herrn und Gerechtigkeit von dem Gott seines Heils.
(Psalm 24:5)

Dieser obige Vers erklärt, dass diese Suchenden, die reinen Herzens sind, diejenigen sind, die Gerechtigkeit von dem Gott ihrer Erlösung erhalten werden. Sie erhalten den Segen und das, was die Erlösung zu bieten hat, nämlich Befreiung, Heilung, Wohlstand und Erlösung.

In Maleachi 3:1 sagt der Herr, dass Er zu den Suchenden "kommen" wird.

*Und **plötzlich** wird zu seinem Tempel kommen der Herr (Betonung hinzugefügt).*

DER RÄCHER

Der Herr wirkt plötzlich im Leben derer, die Ihn suchen.

In Hebräer 11:6 heißt es dazu:

> *Und dass er die belohnen wird, welche ihn suchen*
> *(Betonung hinzugefügt).*

Die Welt funktioniert jedoch anders als das Himmelreich. Weltliche Menschen handeln und versuchen, sich selbst zu befriedigen, aber die des Königreichs handeln, um den Heiligen Geist zu befriedigen (Römer 8).

> *Trachtet vielmehr zuerst nach dem Reich Gottes und nach*
> *seiner Gerechtigkeit, so wird euch dies alles hinzugefügt*
> *werden! (Matthäus 6:33).*

Der Herr wird zu den Suchenden kommen, nicht nur zu den Betenden. Wir müssen Gottes Herz auf Seine Weise suchen, nicht nur das beten, was wir sagen wollen.

Suchende wollen die Dinge auf Gottes Weg tun, weil sie letztlich die Wahrheit suchen, die Gerechtigkeit ist - Gottes Weg, die Dinge zu tun und im Recht zu sein.

Sie sind eine Generation, die Seine Gegenwart leidenschaftlich mehr verfolgt als das Leben selbst, weil sie wissen, dass sie ohne Ihn nichts tun können und den Geist Gottes brauchen, um ihr irdisches, unvollkommenes Gefäß (Jakob) zu stärken. Sie verlassen sich nicht auf die von Menschenhand geschaffenen religiösen Systeme, um das zu tun, was nur durch Seinen Geist geschehen kann. Dies ist die Generation Jakobs, die Sein Antlitz sucht.

DIE JAKOB-GENERATION ~ EINE ÜBERWINDENDE GENERATION

Lassen Sie uns einen Blick auf Jakob werfen, da sein Name in Vers 6 von Psalm 24 umrissen wurde.

> *Dies ist das Geschlechter [Beschreibung] derer, die nach ihm fragen [die nach Ihm und von Ihm fragen und Ihn notgedrungen brauchen], die dein Angesicht [o Gott] suchen – das ist **Jakob**! (Sela) (Betonung hinzugefügt)*

Der Herr bezog sich nicht auf ihn mit seinem neuen Namen Israel, sondern Er gab uns einen Hinweis, indem Er diese Generation nach Jakob beschrieb.

Jakob spricht von einer Generation, die darauf konzentriert sind, ihrem Erbe nachzugehen. Jene, die wie in der Jakobsleiter Zugang zum Himmelreich erhält und weiß, wie man den Himmel auf Erden freisetzt.

Sie mögen denken, dass Jakob ein Betrüger war. Ja, das ist wahr, aber wenn wir uns Jakobs Leben ansehen, finden wir einen sehr bedeutsamen Fall, der sein Leben für immer verändert hat. Er kämpfte und brach in seine Bestimmung hinein. Jakob war ein Überwinder.

Wir werden uns auf eine kleine Reise in das Leben Jakobs begeben und ein klareres Bild von der Generation sehen, die der Herr in Psalm 24 zu beschreiben versucht.

Lassen Sie uns die Reise Jakobs in 1. Mose 32 aufgreifen. Der Herr hatte Jakob befohlen, das Haus seines Onkels Laban zu verlassen und an den Ort seiner Väter zurückzukehren. Jakob schickt Boten und Geschenke an seinen Bruder Esau, den Jakob etwa zwanzig Jahre zuvor getäuscht und ihm sein Geburtsrecht gestohlen hatte. Wie Sie sich vorstellen können, hätte es in

Jakobs Herzen eine gewisse Beklemmung darüber gegeben, wie Esau ihn nach diesen zwanzig langen Jahren empfangen würde.

In 1. Mose 32 Vers 7 heißt es:

Da fürchtete sich Jakob sehr, und es wurde ihm Angst.

Jacob denkt, es sei Tag X. Er ist in Panik. Aber in dieser Panik beginnt er in Vers 9, zu Gott zurückzukehren, zu dem Wort, das Er zu ihm gesprochen hat,

O Gott meines Vaters Abraham und Gott meines Vaters Isaak, der Herr, der zu mir sagte: Kehr zurück in dein Land und zu deinem Volk, und ich werde dir Gutes tun.

In Vers 11 wird das Gebet verzweifelt:

Errette mich doch aus der Hand meines Bruders, aus der Hand Esaus; denn ich fürchte ihn; er könnte kommen und mich erschlagen, die Mutter samt den Kindern!

In Vers 12 kehrt er zu den Verheißungen wieder zurück, die Gott ihm vor all den Jahren in Bethel gegeben hat, als er zum ersten Mal vor Esau floh (1. Mose 28):

Du aber hast gesagt: Ich will dir gewisslich wohltun und deinen Samen machen wie den Sand am Meer, der vor Menge nicht zu zählen ist!

Nun gehen wir zu den Versen 24-30 hinunter, um den Durchbruch zu sehen, der stattgefunden hat.

Jakob aber blieb allein zurück. Da rang ein Mann mit ihm, bis die Morgenröte anbrach. Und als dieser sah, dass er ihn nicht bezwingen konnte, da rührte er sein Hüftgelenk

an, sodass Jakobs Hüftgelenk verrenkt wurde beim Ringen mit ihm. Und der Mann sprach: Lass mich gehen; denn die Morgenröte bricht an! Jakob aber sprach: Ich lasse dich nicht, es sei denn, du segnest mich! Da fragte er ihn: Was ist dein Name? Er antwortete: Jakob! Da sprach er: Dein Name soll nicht mehr Jakob sein, sondern Israel; denn du hast mit Gott und Menschen gekämpft und hast gewonnen! Jakob aber bat und sprach: Lass mich doch deinen Namen wissen! Er aber antwortete: Warum fragst du nach meinem Namen? Und er segnete ihn dort. Jakob aber nannte den Ort Pniel; denn er sprach: Ich habe Gott von Angesicht zu Angesicht gesehenem, und meine Seele ist gerettet worden!

Jakob war in einer Lage, in der er erledigt war, wenn Gott ihn nicht segnete. Er wusste, dass er ohne den Segen Gottes auf seinem Leben nicht überleben konnte. Er wusste, dass er den Herrn so dringend brauchte, wie es Psalm 24 sagt.

Die Kraft und Geschwindigkeit dieses Ringens, das von einem Ort kommt, an dem Gott mehr gebraucht wird als das Leben selbst, gebiert das Schicksal. Es gebiert den Überwinder in Ihrem Leben. Wie wir hier bei Jakob sehen, hat er durchgehalten und sich durchgesetzt. Der Engel des Herrn sagte zu ihm: "Denn du hast mit Gott und mit den Menschen gekämpft und hast obsiegt". Wenn wir mehr an Gott festhalten als am Leben selbst, werden die Verheißungen Gottes geboren, und wir durchbrechen jede Unmöglichkeit, die uns daran hindert, in das Schicksal zu kommen.

Esau repräsentiert das Fleisch, weil er einen Bund mit der Welt geschlossen hat. Noch bevor sein Vater Isaak ihn gesegnet hatte, hatte er zwei kanaanitische Frauen geheiratet (1. Mose 26:34-35). Als er dann merkte, dass sein Vater darüber nicht erfreut war, ging er zu Ismael und bat um eine seiner Töchter (1. Mose 28:8-9). Esau versuchte, die Dinge aus der Vernunft des Fleisches heraus zu tun. Diese Geschichte zeigt diese Hindernisse als das Fleisch. Esau stellt das Fleisch dar. Unser Fleisch befindet sich im Krieg gegen das Schicksal des Geistes, der in unserem Leben ausbricht.

Wenn wir Bündnisse mit der Welt schließen, wird uns das daran hindern, in die Erfüllung unserer Verheißungen zu kommen.

Ich sehe also, was hier geschehen ist, ist, dass Jakob sich sagte: "Wenn ich nicht um den Durchbruch in die Verheißungen ringe, wird das Fleisch, Esau, mich daran hindern, mein Schicksal zu erfüllen".

Er rang am Fleisch vorbei in den Geist, und von diesem Ort aus wurde seine Identität geboren. Er wurde Israel genannt. Aus diesem Grund ist Israel als Nation bis heute erhalten geblieben. Es gab viele Einsätze gegen sie als Volk und Gelegenheiten gegen sie, als Rasse vom Angesicht der Erde getilgt zu werden. Aber weil sie von Gott geboren wurden, konnten sie jede Opposition, die sich gegen sie richtete, überwinden und überleben. 1 Johannes 5:4 wird in diesem Zusammenhang große Bedeutung beigemessen.

Denn alles, was aus Gott geboren ist, überwindet die Welt; und unser Glaube ist der Sieg, der diese Welt überwunden hat.

SICH ZUM DURCHBRUCH DURCHKÄMPFEN

Welche Begrenzungen in Ihrem Fleisch sind hinter Ihnen her, um Ihre Verheißungen zunichte zu machen? Um das abzutöten, was der Herr Ihnen versprochen hat? Lassen Sie Gott nicht los! Ringen Sie sich durch, und in dieser Hartnäckigkeit werden Sie jeden Feind überwinden, dem Sie gegenüberstehen mögen. Vielleicht stehen Sie in Ihrem eigenen Körper Problemen gegenüber, die Sie daran hindern, Ihre Herzenswünsche zu erfüllen. Lassen Sie den Herrn nicht los, denn der Überwinder, der Sieger über natürliche Begrenzungen wird in Ihrem Leben im Ringen geboren.

Dieses Ringen ist das, was Hebräer 4:11 als bestrebt sein, in jene Ruhe einzugehen" beschreibt. Die Ruhe ist alles im Glauben in der Kraft des Herrn und in Seiner Fähigkeit zu tun. Wir streben nicht in unserer eigenen Stärke. In diesem Ringen in die Ruhe hineinzugehen durchbrechen wir vom Unglauben zum Glauben.

Ja, Jakob täuschte Esau, ja, er war nicht vollkommen, aber Esau gab das Versprechen einfach weg (1. Mose 25:27-34). Jakob kämpfte darum und brach durch. Manchmal lässt der Herr Sie um die Verheißung kämpfen, und Ihre Reise ist nicht immer perfekt und schön. Lassen Sie nicht zu, dass Ihre Fehler Sie disqualifizieren, sich für Ihren Durchbruch durchzukämpfen.

In diesem Ringen erhielt Jakob das Versprechen. Er empfing die Verheißung in Bethel (1. Mose 28:11-19) aber später gebar er die Verheißung im Ringen.

Die Nation, die der Herr Jakob versprochen hatte, wurde im Ringen geboren. Sein Name wurde während des Ringens von Jakob in Israel geändert. Er gebar die Regierung Gottes, die die 12 Stämme Israels repräsentieren. Ja, sie sind tatsächlich aus seinen Lenden hervorgegangen.

Die Jakobsgeneration sind Ringer, die die Regierung Gottes auf der Erde hervorbringen und gebären werden. Eine Königreichsregierung, die den König der Herrlichkeit an der Spitze hat.

Wir sehen auch, dass die Erlösung in dem Ringen stattfand, als er sich durchsetzte, und sein Name von Jakob in Israel geändert wurde. Unrecht wurde wieder gut gemacht. Man erinnerte sich nicht mehr an ihn wegen seiner früheren Fehler und erkannte ihn als Betrüger, sondern er wurde nun mit einem neuen Namen gerufen, den der Herr ihm gab, Israel, was Fürst oder Herrscher bedeutet. Israel ist eine Nation, die dazu berufen ist zu regieren und nicht regiert zu werden. Der Kopf und nicht der Schwanz. Der Überwinder. Nicht länger ein Betrüger, der von unten kommt, sondern nun von einem Ort seiner Identitätsbestätigung im Herrn. Jakob war in die Ruhe und in den Segen Gottes eingegangen.

Psalm 24 nennt diese Ringer Suchende. Suchende ringen, bis der Durchbruch der Verheißung kommt. Sie sind Überwinder und auf der Suche nach Gott.

DIESE SUCHENDE GENERATION TRÄGT UND DURCHDRINGT EINEN KLANG

Diese Generation trägt einen Klang in sich. Es ist ein tiefes Stöhnen aus der Tiefe des Geistes, das auch jetzt noch in der Erde widerhallt. Es ist wie Jakobs Ringen, das eine Verschiebung und Ausrichtung der Regierungsstrukturen im Leib Christi hervorbringt, um den Weg für die Ankunft des Königs der Herrlichkeit zu bahnen. Die Jakobsgeneration ringt, während sie den Herrn von ganzem Herzen verfolgt. Sie gebären eine Königreichsregierung des Himmels, die auf die Erde kommen soll, die Manifestation der Söhne Gottes und den König der Herrlichkeit, der hereinziehen soll.

Im März 2014 kam das Wort des Herrn in einer Zeit der Anbetung und Fürbitte zu mir.

Es gibt ein Seufzen tief im Innern vieler im ganzen Leib Christi, die den Herrn im Geist und in der Wahrheit anbeten wollen und sich danach sehnen. Diese Anbetung beinhaltet nicht nur ein Lied und eine Melodie, sondern auch ein Nachgehen und einen Lebensstil, der dem Geist Gottes gefällt und von ihm geleitet wird. Es handelt sich um eine Gruppe echter Anbeter, die der toten Religion und des Jochs der Sklaverei das sie fördert, müde sind.

Wie das Seufzen der Israeliten, das sich vor Gott erhob, als die Kinder Israel in der Gefangenschaft in Ägypten waren, so wird auch dieses Seufzen im Volk Gottes für die Freiheit im Geist, für die Anbetung im Geist, für ein vom Geist geführtes Leben in Intimität und Wirklichkeit, vom Vater gehört. Wie Mose zum Pharao sagte: "Lass mein Volk ziehen, damit sie Gott in der Wüste anbeten können", kommt der Herr als Befreier Seines Volkes nahe und befreit es von dem Joch der Religion und Tradition, das die Absichten und Ziele des Menschen fördert und diese über die Liebe Gottes stellt.

Dieses falsche System, das eine Form der Frömmigkeit darstellt, aber die Macht Gottes leugnet, wird jetzt bis ins Mark erschüttert, bis in die Grundfesten, und diejenigen, die nach Gerechtigkeit hungern und dürsten, sollen gesättigt werden. Nicht länger wird diesen Menschen der Zugang zum Geist der Freiheit durch die Beschränkungen der Religion verwehrt werden. Denn Systeme und Strukturen von Königreichen, die nicht auf dem sicheren Fundament Jesu Christi aufgebaut sind, stehen kurz davor, durch Feuer geprüft und geprobt zu werden, und was immer erschüttert werden kann, wird erschüttert werden, und was immer von Gott ist, wird bleiben, denn ist der Herr nicht ein alles verzehrendes Feuer?

Diese Generation wünscht sich, dass das wirkliche Geschehen, der wirkliche Ausdruck von Gottes Herz auf der Erde zur Schau gestellt wird, und Gott hört ihr Stöhnen, den tiefen Schrei in ihren Herzen. Er antwortet auf ihren Schrei und bewirkt eine Freiheit ihres Ausdrucks, indem Er die Enge und Strukturen erschüttert, die den Ausdruck des Geistes des Herrn, der sich in Seinem Volk manifestiert, begrenzt haben, damit Er "Einzug nehmen" kann.

AUSRICHTUNG UND POSITIONIERUNG DER REGIERUNG

Wie bereits weiter oben in diesem Kapitel erwähnt, zeigt Psalm 24 eine Positionierung der Regierung auf, die stattfinden muss, um "den Weg zu bahnen" damit der König der Herrlichkeit "einziehen" kann. Fahren wir fort, diese notwendige Ausrichtung zu entdecken und zu verstehen, was geschehen muss, damit das Königreich auf Erden so kommen kann, wie es im Himmel ist.

> *Hebt eure Häupter empor, ihr Tore, und hebt euch, ihr ewigen Pforten, damit der König der Herrlichkeit einziehe! Wer ist dieser König der Herrlichkeit? Es ist der Herr, der Starke und Mächtige, der Herr, der Held im Streit! Hebt eure Häupter empor, ihr Tore, ja, hebt [eure Häupter], ihr ewigen Pforten, damit der König der Herrlichkeit einziehe! (Psalm 24:7-9).*

Die folgenden Definitionen sind die hebräischen Bedeutungen gemäß der Strongs Konkordanz.

Aufheben ist *naw-saw*, was übersetzt bedeutet: tragen, wegtragen, aufstehen, hervorbringen.[5]

Häupter ist *rosh*, was übersetzt bedeutet: Kopf, Spitze, Gipfel, Leiter, Vorderseite, höchster Teil.[6]

Tore ist *shaar*, was übersetzt bedeutet: Tür/Tor.[7]

Brown -Driver-Briggs' hebräisches und englisches Lexikon definiert Tore als: Eingang (Raum, Stadt, Ort, Versammlungsort), ein Tor (einer königlichen Burg, eines Tempels, Hofes, einer Stiftshütte), Himmel.[8]

Ewige Pforten ist *owlam*, was übersetzt bedeutet: unaufhörlich, ewig, immerwährend, uralt.[9]

Wer ist das Tor zur Ewigkeit? Johannes 10:7 & 9 sagt, dass es Jesus ist!

Im Lichte der erklärten Bedeutung dieser Worte möchte ich vorschlagen, wie diese Schrift zu lesen ist:

> *Steht auf und tragt Verantwortung, oh ihr Führer, ihr Leitungen, ihr Spitzenreiter. Öffnet die Tore, indem ihr ein Volk vorbereitet, das für den Herrn bereit ist. Schafft einen Ort der Öffnung in euren Versammlungen und Zusammenkünften, hinter euren Kanzeln und in eurer Anbetung, in Regierung und Gesetzgebung. Gebt euch der Bewegung Meines Geistes und Meiner Wege hin und gebt Mir Raum, mich in eurer Mitte zu manifestieren, damit Ich mich als König der Herrlichkeit manifestieren und Meinem Volk begegnen, in ihm ankommen, wohnen und bei ihm bleiben kann, und zwar auf greifbare Weise! Erhebt die altersbeständige - ewige Tür, die mein*

Sohn Jesus Christus ist (Johannes 10:9), erhebt Ihn, damit Er gesehen wird, nicht der Name irgendeiner Gemeinde, eines Dienstes oder einer Organisation, sondern erhebt Ihn, damit Er gesehen wird. Dann werdet ihr den König der Herrlichkeit einziehen sehen, in einer so herrlichen Weise, dass Er alle Menschen zu sich ziehen wird (Johannes 12:32). Dann werdet ihr Erweckung sehen, dann werdet ihr die Ernte der Menge sehen, die in dieser Endzeit-Ernte verheißen wurde. Dann werdet ihr Mein Königreich kommen sehen und Mein Wille geschehe auf Erden wie im Himmel.

Die Leiter von Städten, Nationen und kirchliche Gemeinden sollen Verantwortung übernehmen und eine Pforte für den König der Herrlichkeit zur Verfügung stellen. Wie bereits erwähnt, ist eine der Bedeutungen von Toren hier in Psalm 24 die des Tempels. In 1 Korinther 6:19 heißt es, dass wir als wiedergeborene Gläubige Tempel des Heiligen Geistes sind, daher ist es die Verantwortung der Leitung, den Tempel (was die Gemeinde Christi meint) für den König der Herrlichkeit, der hineinziehen soll, vorzubereiten. Epheser 4:12 informiert uns darüber, dass die Leitung des Leibes Christi positioniert ist, um die Heiligen für die Arbeit des Dienstes auszurüsten und sie in die Reife des Glaubens zu bringen. Ihre Aufgabe ist es, eine Braut vorzubereiten, die für ihren König bereit ist. Dies sind die Häupter der Tore, die in Psalm 24 erhoben werden müssen. Wenn die Leiter sich erheben und die Verantwortung tragen, dem Volk des Herrn Zugang zu Seiner Gegenwart zu gewähren, wird der König der Herrlichkeit einziehen!

Gott positioniert Seine Tore - Seine Leitungen, damit Sein Volk Zugang zur Gegenwart Gottes hat. Dieser Vers ertönt einen Aufruf an die Gemeindeleitung, in ihrer rechtmäßigen Position aufzustehen und ihre Herzen Ihm zuzuwenden. Er ruft sie dazu auf, ihre Herzen und nicht ihre Kleider zu zerreißen und zuzulassen, dass sich eine Pforte für das Volk Gottes öffnet, damit es seinem König der Herrlichkeit begegnen kann.

DER RÄCHER

Im Großen und Ganzen ist die Gegenwart Gottes in der Gemeinde Christi nicht mehr vorhanden. Das liegt daran, dass die Gegenwart Gottes bisher nicht die Priorität der Leitung im Leib Christi im Allgemeinen war. Es hat andere Tore und Herrschaftssysteme gegeben, die die Gemeinde Christi gelenkt haben, aber jetzt ist die Zeit gekommen, in der sie fallen werden. Jetzt ist die Zeit für eine Verschiebung der Regierungsstrukturen gekommen. Jetzt gibt es eine Wachablösung, und der Herr bringt eine gerechte Regierung hervor, die in der Furcht des Herrn regieren wird.

Darf ich Einzug nehmen?

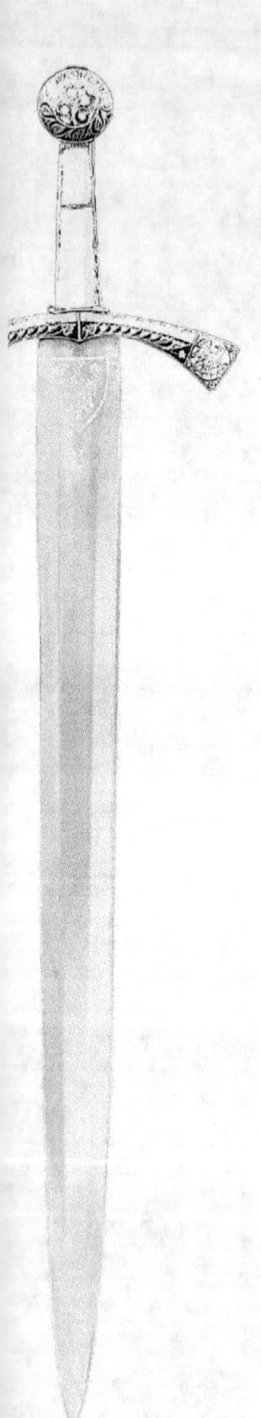

Kapitel 6

DIE DEMONTAGE FALSCHER HÄUPTER

Wie ich bereits in meiner Einführung sagte, sind mein Herz und mein Leben von einer leidenschaftlichen Liebe zum Leib Christi getrieben, sie in die Fülle ihrer Identität kommen zu sehen und, wo nötig, auszubrechen und aus den Fängen des feindlichen Griffs befreit zu werden. Wenn Sie in dieses Kapitel eintauchen, bete ich darum, dass Sie hören, was Gott sagt, und dass Sie die folgenden Worte verstehen. Auch wenn diese Worte zuweilen konfrontierend und sicherlich herausfordernd sein mögen, so kommen sie doch von einem Ort der Liebe und des tiefen Wunsches, die Braut Christi zu ihrer herrlichen, unbefleckten, strahlenden Schönheit aufstehen zu sehen.

Dieses Kapitel ist länger als andere, aber ich ermutige Sie, sich auf die Fülle der Botschaft einzulassen, die der Herr versucht, Seiner Geliebten zu offenbaren.

Wie bereits im letzten Kapitel erörtert, wissen wir, dass der für Regierung und Führung verwendete Begriff "Häupter" lautet. Der Herr erhebt in dieser Stunde rechtschaffene Häupter, um den Weg für den König der Herrlichkeit zu bahnen, damit Er einziehen kann.

Mit der Geburt einer neuen Führung oder Regierung geht auch die Demontage einer anderen einher.

DER GEIST DES ANTICHRISTEN, ISEBEL, POLITISCHER GEIST.

Im Laufe der Jahre hat der Herr mir drei Hauptfeinde offenbart, die versuchen, das "Einziehen" oder "Auftauchen" des Herrn zu verhindern, indem sie die Leiter im Leib Christi beeinflussen und angreifen. Sie sind: der Geist des Antichristen, der Geist Isebels und der politische Geist. Diese drei Fürstentümern haben gemeinsam die Absicht, die Gemeinde Christi zu schwächen, sie an einem Ort der Unreife zu halten und davon abzuhalten, ihre wahre Identität in Christus zu erkennen.

Alle drei dämonischen Mächte zwingen die die Gemeinde Christi, sich dem *Kompromiss* als wichtigste Zutat und als wichtigstes Ziel zu beugen, damit ihre dämonische Agenda erfüllt werden kann. In dieser Stunde erhebt der Herr eine gerechte Regierung, die diese falschen Häupter, die in der Gemeinde Christi eine Regierung eingesetzt haben, entlarven, herausfordern und stürzen wird.

DER GEIST DES ANTICHRISTEN

Das Wort Anti-Christ nach Strongs Konkordanz im Griechischen ist *Anti Christos*, was übersetzt bedeutet: Ein Gegner von Jesus Christus, dem Messias.[1]

Dieser Geist ist ein Gegner des Gesalbten und Seiner Salbung. Anti bedeutet, im Widerstand gegen/gegen etwas zu sein. Wir wissen, dass die Botschaft der Hölle im Widerspruch zur Botschaft Christi steht.

> *Geliebte, glaubt nicht jedem Geist, sondern prüft die Geister, ob sie aus Gott sind! Denn es sind viele falsche Propheten in die Welt ausgegangen. Daran erkennt ihr den Geist Gottes: Jeder Geist, der bekennt, dass Jesus Christus im Fleisch gekommen ist, der ist aus Gott [hat Gott als Quelle]; und jeder Geist, der nicht bekennt, dass Jesus Christus im Fleisch gekommen ist, der ist nicht aus Gott. Und das ist der [Geist] des Antichristen, von dem ihr gehört habt, dass er kommt; und jetzt schon ist er in der Welt. Kinder, ihr seid aus Gott und habt jene überwunden, weil der, welcher in euch ist, größer ist als der, welcher in der Welt ist. Sie sind aus der Welt; darum reden sie von der Welt, und die Welt hört auf sie. Wir sind aus Gott. Wer Gott erkennt, hört auf uns; wer nicht aus Gott ist, hört nicht auf uns. Daran erkennen wir den Geist der Wahrheit und den Geist des Irrtums.*
> *(1 Johannes 4:1-6)*

In Bezug auf den Geist des Antichristen sind hier vier Dinge zu beachten. Schauen wir uns nun diese Schriftstelle näher an:

Der Geist des Antichristen hat eine Botschaft.

Vers 1:

> *Denn es sind viele falsche Propheten in die Welt ausgegangen.*

Propheten sind Sprachrohre, die eine Botschaft vermitteln. Diese Schriftstelle macht deutlich, dass falsche Sprachrohre in die Welt kommen und die Erzählung, die sie tragen, im Gegensatz zur Botschaft Christi steht. Sie ist Anti, was soviel bedeutet wie *"ablehnen"*. Ein Geist des Antichristen erkennt Christus nicht als die ewige Tür zur Erlösung für alle, die Sein Opfer annehmen, an und wird dies auch nicht tun. Wahre Prophezeiung ist der Geist Jesu (Offenbarung 19:10). Sie wird immer Jesus verherrlichen, nicht den Menschen oder ein von Menschen gemachtes System. Lehre von Kanzeln, die einen zu einem System, einem Freiheitsplan oder zu Kompromissen mit weltlichen Wegen führen, kommt nicht aus dem Geist der Wahrheit, sondern aus dem Geist des Irrtums.

Vor nicht allzu langer Zeit gab mir der Herr einen Traum, der ziemlich konfrontierend und erschreckend war. Es war eine Warnung an den Leib Christi, die sich an ihre Passivität hinsichtlich der Botschaft der Hölle richtete, die in dieser Zeit verkündet wird.

Traum - Hells Angels

Ich war bei einem Friseur. Ein Kunde kam herein, von dem ich dachte, er sei entweder homosexuell oder transsexuell. Ich war mir nicht sicher, ob diese Person männlich oder weiblich war. Ich erinnere mich, dass ich den Arbeitern im Salon ankündigte, er/sie habe sich den "Hells Angels" angeschlossen. Alle im Salon antworteten ungerührt mit einer fröhlichen Antwort: "Na gut, dann kommen Sie doch einfach her und setzen Sie sich und sagen Sie uns, was Sie heute mit Ihrem Haar wollen". Ich war von ihrer Antwort sehr überrascht, da der Begriff "Hells Angels" normalerweise Angst oder Schrecken bei den Menschen hervorrufen würde, weil sie als berüchtigte gesetzlose Motorrad-Gang bekannt sind. Ich war schockiert, dass niemand aus Angst oder Besorgnis reagierte, aber ein Mitarbeiter reagierte ziemlich fröhlich und sagte "oh ok", als ob es keine große Sache wäre und es sich nur um allgemeine Informationen handelte. Niemand dachte, es sei beunruhigend. Der Haarschnitt, den diese Person erhielt, war interessant und anders. Es war eine seltsame Art Irokesenschnitt.

Als ich aufwachte, verstand ich sofort die Deutung.

Die Hells Angels repräsentieren genau das, was die Worte "Boten der Hölle" bedeuten. Sie und ihre Botschaft werden gepflegt (Friseursalon als Ort der Körperpflege), und die Gemeinde Christi nimmt an dieser Pflege teil, indem sie sich passiv zu ihrer Botschaft verhält. Die Botschaft kommt von der LGBTQ-Bewegung (wie in dem Traum, in dem ich die Person für homosexuell hielt und nicht sicher war, ob sie männlich oder weiblich war), und es ist eine Botschaft der Toleranz. Der Irokesenschnitt stellte meiner Meinung nach einen Anschein von Einschüchterung dar, um jeden Angst zu machen und einzuschüchtern, der versuchen würde, sich ihrer Botschaft zu widersetzen.

Randbemerkung: Bitte verstehen Sie mich nicht falsch. Der Herr liebt diejenigen, die in der LGBTQ-Bewegung gefangen sind. Tatsächlich hat mir der Herr gezeigt, dass es innerhalb dieser Gemeinschaft eine massive Seelenernte geben wird, doch der Feind benutzt die "Bewegung" als Sprachrohr, um die Gesellschaft zu beeinflussen und durch eine verdrehte Toleranz zu prägen.

Der Herr warnt Seine Geliebte davor, sich an der Pflege der Hells Angels (Boten der Hölle) zu beteiligen, indem sie sich vor Furcht und Einschüchterung verneigt und passiv mit Ungerechtigkeit einverstanden ist. Kompromisse durch Einschüchterung helfen dabei, die Boten der Hölle zu pflegen, die eine Botschaft der Perversion und verdrehten Toleranz überbringen und versuchen, Wahrheiten und Ideale in der Kultur dieser und der kommenden Generation zu formen. Diese Aufgabe des Antichristengeistes hat zum Ziel, die Gesellschaft aus den Mündern dieser Boten der Hölle heraus zu verschmutzen und zu verunreinigen.

Lehnt den Fluss des Geistes Gottes, der sich bewegt, ab.

Vers 3:

dieses Nicht-Bekennen ist der Geist des Antichristen

Dieser Geist wird versuchen, die Münder der Gläubigen vor der Verkündigung des Evangeliums Jesu Christi zu verschließen, denn es ist die

Kraft Gottes zur Erlösung. Der Geist des Antichristen versucht, die Macht Jesu Christi zu verleugnen. Er mag das Bekenntnis des Namens Jesu Christi nicht.

Paulus sagte in Römer 1:16

> *Denn ich schäme mich des Evangeliums von Christus nicht; denn es ist **Gottes Kraft zur Errettung** für jeden, der glaubt, zuerst für den Juden, dann auch für den Griechen (Betonung hinzugefügt)..*

Der Geist des Antichristen wird die Menschen dazu bringen, sich für die Fülle des Evangeliums zu schämen. Die Fülle des Evangeliums schließt die Zurschaustellung Seines Geistes und die Manifestation Seiner Gegenwart ein. In einigen Fällen haben Gemeindeleitungen das Wort Gottes, das hinter den Kanzeln gepredigt wird, verwässert und die Zurschaustellung und Demonstration des Heiligen Geistes in der Gemeinde Christi behindert, weil sie sich für die volle Demonstration des Evangeliums Christi schämen. Sie schämen sich für die Manifestation des Heiligen Geistes, weil sie die Besucher erschrecken oder die Massen beleidigen könnte. Es könnte die Struktur ihrer Gottesdienste stören und das für die Versammlung vorgesehene zweistündige Zeitfenster behindern. Gott bewahre der Geistesfluss stört ihre Programme!

Ironischerweise und zum großen Bedauern ist es einfacher, eine Gemeinde schnell auf der Grundlage von Programmen, Persönlichkeiten und Leistungen statt auf der Grundlage von Gottes Gegenwart wachsen zu lassen. Das liegt daran, dass die Leitungen im Leib Christi der Botschaft und Erzählung eines antichristlichen Geistes, der sich dem Fluss des Heiligen Geistes widersetzt und die Taten des Fleisches zu befriedigen sucht, zugehört und sie befolgt haben.

Ich habe mit meinen eigenen Ohren gehört, wie führende Leiter sehr großer geisterfüllter Gemeinden mit über 2000 Mitgliedern buchstäblich aus ihrem Mund sagten: "Der Fluss des Geistes ist nicht ihre Vision". Entschuldigen Sie,

WAS bitte? Wie kann eine Gemeinde damit zufrieden sein, von Gott selbst leer zu sein? Mein Verstand kann dieses Denken nicht begreifen!

TRAUM: Eine belagerte Gemeinde Christi

In diesem Traum war ich im Haus meiner Mutter (wenn ich von meiner Mutter träume, repräsentiert es die Gemeinde Christi), und ich sprach im Traum mit Menschen, die mir wie mein Bruder und meine Schwester vorkamen. Plötzlich stürmten Terroristen herein und töteten meinen Bruder und meine Schwester, aber ich wurde geschützt. Es war ein sehr schreckliches Ereignis, meinen Bruder und meine Schwester vor meinen Augen ermordet zu sehen. Ich begann zu schreien: "Das ist der Geist des Antichristen, das ist der Geist des Antichristen!

Als ich erwachte, wusste ich, dass der Herr sagte, meine Brüder und Schwestern in Christus seien in Gefahr und die Gemeinde Christi werde von einem Geist des Antichristen belagert. Diejenigen, die in der Gegenwart Gottes bleiben, werden vor der Täuschung dieses bösen Geistes geschützt, der zu morden und zu zerstören sucht. Aber diejenigen, die nicht in der Gegenwart sind, sind offen dafür, getötet zu werden. Die Bibel sagt, dass die Auserwählten, wenn möglich, getäuscht werden (Matthäus 24:24). Es war ein Geist des Antichristen, der vor zweitausend Jahren Jesus ermordet hat, und er versucht, seinen Auftrag am Leib Christi heute fortzusetzen.

Leider hat die Doktrin eines antichristlichen Geistes die Gemeinde Christi in einen sozialen Club verwandelt, der in vielerlei Hinsicht der Welt ähnelt. Er versucht, die Gemeinde Christi von der Gegenwart Gottes fernzuhalten, wo sie vom Geist Gottes inspiriert und geleitet werden kann.

Ein antichristlicher Geist wird sagen: "Werde wie die Welt, um die Welt zu gewinnen". Tut mir leid, aber das ist reiner Wahnsinn! Viele Bewegungen der Gemeinden Christi steuern auf diese Erzählung zu, um die Verlorenen zu gewinnen. *Wie bitte?!*

DER RÄCHER

Nirgendwo in meiner Bibel kann ich einen Schriftstellenverweis finden, der besagt: "Mäßigt das Evangelium, lasst den Heiligen Geist nicht fließen, seid der Sünde der Welt wohl gesonnen, um sie zu Christus zu bekehren"! NEIN! Meine Bibel sagt, dass in der Zeit der Apostelgeschichte, als der Heilige Geist ausgegossen wurde, die Ansprache des Petrus an die Juden ihre Herzen so sehr traf, dass sie sagten: "Was müssen wir tun, um gerettet zu werden? (Apostelgeschichte 2:37)

Petrus antwortete unverhohlen in Apostelgeschichte 2:38

> *Da sprach Petrus zu ihnen: Tut Buße, und jeder von euch lasse sich taufen auf den Namen Jesu Christi zur Vergebung der Sünden; so werdet ihr **die Gabe** des Heiligen Geistes empfangen (Betonung hinzugefügt).*

Das ist es, was viele Führungspersonen in der Gemeinde Christi heute vergessen zu haben scheinen. *Der Heilige Geist* ist ein Geschenk an die Gemeinde Christi. Warum sollte man Ihn abschalten wollen? Warum sollte man verhindern, dass sich Seine offenbarte Gegenwart unter den Menschen bewegt? Er ist ein Geschenk! Es ist, als würde man zu Gott sagen: "Nein danke, ich will Deine Gabe nicht. Ich bin glücklich mit der Reichweite meines Erfolgs aus eigener fleischlicher Kraft! Welch eine Ohrfeige für Jesus, der das höchste Opfer brachte, damit die "Shekinah Herrlichkeit" nun mit den Menschen verweilen kann. Das mag heftig oder scharf klingen, aber es ist die Wahrheit. Wenn Gemeindeleitungen die Bewegung von Gottes Gegenwart und Macht in ihrer Mitte scheuen, lehnen sie das *Geschenk* Gottes ab und verweigern Gottes Volk den Zugang zu Seiner Gegenwart. Sie verwehren den Menschen den Zugang zu Intimität.

In vielen pfingstlerischen, geisterfüllten Gemeinden in Australien ist das Sprechen in Zungen in öffentlichen Gottesdiensten tabu geworden, weil es dazu führt, dass sie sich von der Welt abheben und anders oder fremd sind. Sie schämen sich für die Manifestation des Heiligen Geistes. Sie wollen nicht merkwürdig oder seltsam aussehen und rechtfertigen ihre Ideale mit

1. Korinther 14. Dieser Abschnitt wurde im Großen und Ganzen falsch interpretiert und aus dem Zusammenhang gerissen.

Tatsächlich sagt Paulus in Vers 39,

> *Also, ihr Brüder, strebt danach, zu weissagen, und das* **Reden in Sprachen verhindert nicht** *(Betonung hinzugefügt).*

Die Apostel der frühen Gemeinde Christi haben die Menschen nicht durch soziale Clubs, Nebelmaschinen und blinkende Lichter zur Erlösung verführt! Petrus war vom Geist Gottes bis zu dem Punkt erfüllt, dass die Leute dachten, er sei betrunken, und er überbrachte eine Botschaft, die das Gewissen der Zuhörer traf. Da Petrus vom Heiligen Geist überholt wurde, kümmerte es ihn nicht, dumm auszusehen. Vielleicht schwankte er oder fiel um, ist es nicht das, was betrunkene Männer tun? Er schaltete den Heiligen Geist nicht ab und sagte: "Nicht hier, Herr. Das wird die Zahl der Seelen, die heute zu unserer Gemeinde hinzukommen werden, behindern. Das wird die Besucher beleidigen!" NEIN!!!! Das hat er überhaupt nicht gesagt!!!! Eher mit Kühnheit und Kraft antwortete er der Menge und sagte in Apostelgeschichte 2:15-17

> *Denn diese sind nicht berauscht, wir ihr meint; es ist ja erst die dritte Stunde des Tages; sondern dies ist es, was durch den Propheten Joel gesagt worden ist: Und es wird geschehen in den letzten Tagen, spricht Gott, da werde ich ausgießen von meinem Geist auf alles Fleisch; und eure Söhne und Töchter werden weissagen, und eure jungen Männer werden Gesichte sehen, und eure Ältesten werden Träume haben.*

Dieser antichristliche Geist versucht, die Gemeinde Christi von der Gegenwart Gottes fernzuhalten und das Volk Gottes mit Fleischlichkeit zu beseelen, indem er es auf fleischliche Sinne konzentriert.

Eine weltliche Botschaft, die in der Gemeinde Christi eine Mischung schafft, die in Lauheit mündet.

Vers 5:

Sie sind aus der Welt; darum reden sie von der Welt, und die Welt hört auf sie.

Wir sehen hier, dass diese Boten aus der Welt kommen. Die Erzählung, die ein antichristlicher Geist aussprechen wird, stammt von einer korrupten Moral weltlicher Ideale.

Anti-Christus verherrlicht das Fleisch und die Begierden des Fleisches. Er ist ein Geist der Welt. Römer 8 sagt, dass der Verstand des Fleisches dem Verstand des Geistes "entgegengesetzt und feindselig" ist. Der Verstand des Fleisches ist Tod, Verfall und Verderbnis.

Wo immer Sie also einen antichristlichen Geist wirken sehen, werden Sie einen Geist des Todes, des Verfalls und der Korruption sehen.

Die Erzählung enthält Ratschläge, die in Sinn und Vernunft verwurzelt sind, was der Gnostizismus ist. Dies ist eine Anti-Christus-Lehre, die Sinn und Vernunft über den Heiligen Geist, den Geist der Wahrheit, erhebt.

Ein antichristlicher Geist versucht, die Gemeinde Christi in der Fleischlichkeit zu halten, also von ihrem Mandat aus Jesaja 61 getrennt.

TRAUM ~ Eine Gemeinde in verzweifelter Not nach nicht verseuchter geistlicher Nahrung.

Ich glaube, dass dieser Traum wichtige Fragen aufzeigt, denen sich die Gemeinde Christi jetzt in ihrem Krieg mit dem Geist des Antichristen gegenübersieht.

In dem Traum diente ich in einer bekannten Gemeinde in einer Stadt in der Nähe meines Wohnortes. Ich predigte aus Maleachi 3 darüber, dass Gott Sein Volk darauf vorbereitet, dass Er plötzlich kommen wird. Die Gemeinde war in drei Abschnitte unterteilt. In der ersten Abteilung zu meiner Linken sahen sie sich Zeichentrickfilme auf dem Fernseher an der Wand an, anstatt meiner Botschaft zuzuhören. Der Herr zeigte mir, dass sie fleischliche Christen darstellen, die in der Gemeinde unterhalten werden wollen und Kinder bleiben (Kinder sehen Zeichentrickfilme).

Der Mittelteil schienen reifere Christen zu sein, aber ein Mann stand mit einem sehr gesetzlichen, religiösen Geist auf und stellte die Schriften, die ich lehrte, in Frage. In diesem Abschnitt gab es eine Handvoll, die dem, was ich sagte, folgte und das Wort empfing. Dieser Abschnitt repräsentiert gläubige Christen, die ernsthaft auf ihrem Weg mit Gott sind, aber die meisten von ihnen einem religiösen/gesetzlichen Einfluss verfallen sind. Der dritte Abschnitt zu meiner Rechten schaute auf ihre Uhren und wollte wissen, wann der Gottesdienst zu Ende sein würde, da sie zu gesellschaftlichen Ereignissen gehen mussten, die wichtiger zu sein schienen. Dieser Abschnitt repräsentierte die Christen, die auf ein festgesetztes Programm ausgerichtet waren und sich mehr für das gesellschaftliche Ereignis Gemeinde interessierten als für die geistliche Ernährung und das geistliche Wachstum.

Nachdem ich mit dem Predigen fertig war, hatte ich nicht wirklich das Gefühl, dass ich alles übertragen hatte, was ich bei mir trug. Nach der Predigt sprach ich mit dem Pastor und fragte ihn, was er davon hielt. Er war leicht abgelenkt, und ich konnte mich nicht richtig mit ihm verbinden. Ich fing an zu erklären, dass ich das Gefühl hatte, dass ich die Botschaft, die ich überbringen sollte, noch nicht ganz freigesetzt hatte, und dann stand ich auf und schrie: "Ihr müsst hungrig sein!!!! Ihr müsst hungrig sein!!!!!!" Der geistige Hunger in den Menschen war begrenzt, weil sie sich mit fleischlicher Nahrung sättigen wollten. Sie sahen sich Zeichentrickfilme an, erfüllten religiöse Rituale und gesellschaftliche Veranstaltungen.

Dann stand ich auf, um zu gehen, und als ich an der Tür stand und die Gemeinde gehen sah, erschienen sie alle wie Kinder, die von Dämonen besessen waren und lahm gingen. Ich war sehr beunruhigt, und mein Mann erschien (der im Traum Jesus repräsentiert), und ich sagte zu ihm: "Sieh dir all diese Menschen an, sie sind wie Kinder, krank und von Dämonen besessen! Was ist mit ihnen los?"

Mit dröhnender, widerhallender Stimme antwortete er: *"Es liegt daran, dass sie nicht herausgefordert wurden*!„ Ich wusste, dass dies bedeutete, dass das Wort Gottes nicht auf kompromisslose Weise gelehrt, gepredigt oder weitergegeben wurde, um in ihrem Leben Reife, Befreiung und Heilung zu bewirken. Sie wurden nicht mit wahrer geistlicher Speise gefüttert, so dass ihr Appetit auf das wahre Wort des Herrn unterdrückt wurde. Deshalb musste ich vorhin schreien: "Ihr müsst hungrig sein! Der Herr zeigte mir, wie sie für Ihn aussahen, weil ich sie nicht so sah, als ich zu ihnen predigte.

Gottes Herz ist Seinem Volk zugewandt und Sein Wunsch für Seine geliebte Gemeinde ist, dass sie in Liebe zur Reife heranwächst und zur überwindenden Kriegerbraut wird, für die Er zurückkehrt. Der Herr baut Strukturen einer Antichristen-Regierung ab, die ihren Weg in Seine Gemeinde gefunden hat und vor der sich die Gemeindeleitung verneigt hat. Dadurch hat die Gemeindeleitung die Lehre des kompromisslosen Wortes des Herrn verwässert, ohne Sein Volk herauszufordern, zu wachsen und zu reifen oder geheilt und befreit zu werden. Und ihr werdet die Wahrheit erkennen, und die Wahrheit wird euch frei machen! (Johannes 8:32)

TRAUM ~ Der Feind ist in der Vermischung

In diesem Traum "testete" ich neues Fahrgeschäft bei "Sea World". Ich hatte meine Tochter Anastasia auf dem Sitz hinter mir. Die Fahrt war ziemlich beängstigend, da wir in einer Art Baumstammfahrt in roten, schlammigen Gewässern fuhren. Ich war so schockiert und von der "Hässlichkeit" der Farbe des Wassers entsetzt, dass ich zu einem anderen Passagier im Blockwagen sagte: "Dieses schmutzige Wasser ist schrecklich! Der Passagier antwortete einfach: "O, was erwarten Sie denn, das ist "Australien" für Sie! Rote, schlammige Gewässer!" Ich fand es sah schrecklich und unpassend aus, um als eine Attraktion in einem Freizeitpark zu sein. Als wir die Fahrt fortsetzten, war es ziemlich holprig und rau und sehr lebensbedrohlich denn Krokodile begannen im Wasser aufzutauchen. Diese Krokodile versuchten, meine Tochter Anastasia anzugreifen, und ich kämpfte darum, sie zu beschützen. Es war anstrengend und unangenehm, und ich konnte nicht glauben, dass ein Vergnügungspark eine Fahrt mit einer solchen Gefahr zulassen würde. Ich dachte mir: "Das werde ich ihnen "sagen"!".

Als ich begann, über den Traum zu meditieren, begann der Herr, mir das Fahrtgeschäft in Sea World zu zeigen, welches die Welt repräsentierte. Das Meer symbolisierte die Welt, und die Baumstammfahrt war die Gemeinde Christi. Meine Tochter Anastasia bedeutet im Griechischen "Erwachen" oder "Auferstehung", sie symbolisiert also die Kraft der Erweckung oder der Auferstehung, wenn sie in meinen Träumen ist. Das schlammige Wasser ist die Mischung aus dem Wort Gottes, das sich mit der Welt vermischt (Sea World). Das Krokodil ist der Geist des Antichristen, der in den schlammigen Wassern der Vermischung verborgen ist. Dieser Geist macht sich immer auf, um eine Bewegung des Geistes Gottes abzubrechen und abzutöten (das Krokodil war hinter Anastasia her). Ich, der ich die Fahrt für unsicher erkläre, weist auf mein prophetisches Amt hin, welches die Gemeinde Christi davor warnt, mit der Welt zu reiten, da der Feind darauf lauert, diejenigen zu verschlingen, die sich im schlammigen Wasser der Vermischung befinden. Man kann die Welt nicht mit der Gemeinde Christi vermischen. Vermischung ist ein wesentlicher Lebensraum, in dem sich der Feind aufhält.

Wo das Wort des Herrn, das der Gemeinde Christi überliefert wird, vermischt wird, wird dem Feind der Erweckung Unterschlupf gewährt. Dieser wird versuchen, eine Bewegung des Heiligen Geistes auszulöschen, weil das Fleisch im Kampf mit dem Geist steht. Wenn sich der Geist der Welt mit der Gemeinde Christi vermischt hat, schafft er Verwirrung - (schlammige Wasser) und der Feind hat es leicht an diesem Ort zu bleiben und zu lauern, um zu verschlingen.

Der Gott dieser Welt herrscht durch das fleischliche Reich - Sinn und Verstand. Die Aufgabe eines Antichristengeistes besteht darin, eine Person in ihrem geistigen Verstand verdunkelt zu halten, wodurch es unmöglich wird, geistige Offenbarung zu verstehen oder zu erhalten.

> *Bei den Ungläubigen, denen der Gott dieser Weltzeit die Sinne verblendet hat, sodass ihnen das helle Licht des Evangeliums von der Herrlichkeit des Christus nicht aufleuchtet, welcher Gottes Ebenbild ist (2. Korinther 4:4).*

Wenn eine Person nicht in der Lage ist, spirituelle Offenbarung wahrzunehmen, ist sie nicht in der Lage, sich vom Geist Gottes leiten zu lassen. Deshalb können solche nicht als Söhne regieren.

> *Denn alle, die durch den Geist Gottes geleitet werden, die sind die Söhne Gottes (Römer 8:14).*

Geist des Kompromisses

Ein antichristlicher Geist fördert eine Botschaft der Selbstbefriedigung und des für sich selbst Lebens. Dies steht im Gegensatz zur Botschaft Christi, die Jesus in Matthäus 16.24-25 klar formuliert hat:

> *Da Sprach Jesus zu seinen Jüngern: Wenn jemand mir nachkommen will, so verleugne er sich selbst und nehme sein Kreuz auf sich und folge mir nach! Denn wer sein Leben retten will, der wird es verlieren; wer aber sein Leben verliert um meinetwillen, der wird es finden.*

Für Christus zu leben, bedeutet, für sich selbst zu sterben.

Eine Anti-Christus-Erzählung plappert drauf los: "Alles muss allen entgegenkommen!" Was für ein Quatsch! Wenn ich meine Bibel lese, sehe ich nicht, dass Jesus sich abmildert, um den Massen zu gefallen. Tatsächlich ist Ihm bei einer Predigt eine Menge aufgestanden und weggegangen so dass Ihm nur noch die Zwölf blieben (Johannes 6). Diejenigen, die versuchen, ihre Botschaften abzuschwächen, um die Massen zu besänftigen, werden von einem antichristlichen Geist beeinflusst und sind keine wahren hingegebenen Liebhaber und Jünger Christi.

Mir gefällt, was Bill Johnson, der Seniorleiter der Bethel Church in Redding, Kalifornien, über Christen sagt, die versuchen, der Welt entgegenzukommen:

> *"Vieles von dem, was die Gemeinde Christi fürchtet, wird die Welt beleidigen, zieht die Welt an und beleidigt nur die Religiösen,,.*

Wie großartig ausgedrückt! Wir verbringen so viel Zeit damit, zu versuchen, die Welt nicht zu beleidigen, während sich die ganze Welt nach Authentizität und Realität sehnt. Die Welt will etwas anderes als das, was sie bereits hat. Warum sonst, um alles in der Welt, würden sie ihr Leben Christus geben, wenn Er nichts anderes zu bieten hat? Das ist jedoch nicht das, wonach sich die Religiösen sehnen. Die Religiösen sehnen sich nach Vorhersehbarkeit, Regeln und Vorschriften.

GEIST ISEBEL

Eine von Isebel beeinflusste Regierung wird durch Kontrolle (Hexerei), Furcht/Einschüchterung und Verführung regieren und die Altäre des Gottesdienstes zu Götzendienst verunreinigen. Und wenn sie nicht durch diese Hauptfaktoren regiert, ist ein weiterer Beweis für eine von Isebel beeinflusste Führung *Passivität* und *Toleranz* gegenüber diesem Übel.

> *Aber ich habe ein weniges gegen dich, dass du es zulässt, dass die Frau Isebel, die sich eine Prophetin nennt, meine Knechte lehrt und verführt, Unzucht zu treiben und Götzenopfer zu essen (Offenbarung 2:20)*

Wenn wir den Begriff "Isebel-Geist" hören, identifizieren sich unsere Gedanken oft sofort mit der im Alten Testament erwähnten Königin Isebel, die in den Büchern der Könige erscheint. Die oben erwähnte Schrift ist jedoch in Wirklichkeit eine neutestamentliche Prophezeiung an die Regierung der erlösten neutestamentlichen Gemeinde von Thyatira, die vor der "Duldung" der Botschaft Isebels warnt. Als Folge der *Duldung* dieser Botschaft durch die Gemeinderegierung wurden Heilige in die Sünde hineingerissen.

Beachten Sie, dass die Schrift in Offenbarung 2:20 sagt: *"Sie nennt sich selbst eine Prophetin"*. Wie weiter oben im Abschnitt über den Antichristen erklärt, wissen wir, dass die Bedeutung eines Propheten ein Sprachrohr ist. Ein Prophet hat eine Botschaft, eine Lehre zu übermitteln und zu verkünden. Wie der Geist des Antichristen hat auch der Isebel-Geist eine Botschaft, die durch falsche Propheten/falsche Sprachrohre übermittelt wird. Diese Botschaft ist eine Botschaft, die das Volk Gottes in den geistlichen Ehebruch führt. Wie wir in Offenbarung 2:20 sehen, setzt der Herr den geistlichen Ehebruch in Beziehung zum Götzendienst. Was ist Götzendienst? Götzendienst bedeutet, einen anderen anzubeten und ihn vor den einen wahren Gott zu stellen.

Kompromiss ist Götzendienst. Er stellt eine andere Doktrin und eine andere Botschaft über das Wort Gottes als absolut. Er sagt: "Lasst uns den Lehren dieses Zeitalters und dieser Welt zustimmen, um Verfolgung zu vermeiden".

Die Wurzeln eines Isebel-Geistes sind Götzendienst

Um den Kontext dieser Botschaft besser zu verstehen, müssen wir die Wurzeln dieses dämonischen Einflusses verstehen. Die Verehrung von Baal und Ashteroth waren die Hauptpraktiken des Götzendienstes zur Zeit der Königin Isebel im Land Israel, wie wir im Buch der Könige sehen. Baal war der Gott des Regens, des Blitzes und der Jahreszeiten. Wir sehen hier, dass diese Anbetung eine Fälschung der wahren prophetischen Stimme Gottes war, da es die Propheten Jahwes waren, die Seinem Volk die Zeiten und

Jahreszeiten Gottes verkündeten, und der Blitz ist auch eine prophetische Metapher für die Stimme Gottes (Hiob 37:4).

Götzenanbetung um diese Götter herum verherrlichte die Praktiken der hemmungslosen sexuellen Unmoral, die zu allen möglichen abscheulichen Perversionen, Kinderopfern, Zauberei, Hexerei und Mammonverehrung einluden, um nur einige zu nennen. Der Name Baal bedeutet Ehemann, was auch ein weiterer Wegweiser ist, der auf die zugrundeliegende Zuordnung dieses Übels als Fälschung der prophetischen Beziehung hinweist, die Gott mit Israel als Ehemann hatte. Viele Male in der gesamten Heiligen Schrift bezeichnete der Herr sich selbst als Israels Ehemann.

Im Buch der Könige sehen wir, dass es König Ahabs (Isebels Ehemann) Toleranz und Passivität gegenüber der Praxis ihres heidnischen, bösen Götzendienstes war, die das Land Israel verunreinigte und die Nation in die Irre führte. König Ahab kannte die Gebote des Herrn, entschied sich aber trotzdem, sie zu ignorieren. Es lag in seiner Verantwortung als König, sein Volk nach den Geboten Gottes zu regieren und es vor Verschmutzung zu schützen.

Und so sehen wir hier nach der Schrift in der Offenbarung, dass dasselbe auch für die Regierung der Gemeinde Christi heute gilt. Sie hat die Verantwortung, die Heiligen vor der Botschaft von Unmoral und Vermischung, Zauberei und Hexerei zu schützen, mit der dieser Geist heute versucht, Gottes Volk zu verunreinigen und zu verführen.

Die Konsequenz von Toleranz und Kompromissen

Nun gibt es einen Grund, warum der Herr ein Problem mit denen hat, die Isebel *toleriert haben.*

DER RÄCHER

Der Herr sagte einmal zu mir: "*Anita, was immer du duldest, wird dich beißen und das endgültige Ende ist der Tod.*"

Wir sehen hier in Offenbarung 2:20, dass es ein Urteil nicht nur für diejenigen gibt, die die Praktiken Isebels ausüben, sondern auch für diejenigen, die sie *tolerieren*. Dies zeigt deutlich, dass es in Gottes Augen genauso schwerwiegend ist, Sünde zu *tolerieren*, wie die Sünde selbst zu tun!

Wie zeigen wir Toleranz? mögen Sie sich fragen. Darf ich vorschlagen, dass es durch Zustimmung und Passivität gegenüber der Botschaft geschieht. Es mag sein, dass Sie die "Taten" der Unmoral nicht selbst begehen, aber sie tolerieren ist so gut wie sie zu tun. Der Herr spricht über diejenigen, die Isebels Lehren tolerieren und *damit* Ehebruch gegen Gott begehen. Dulden befähigt das Wirken dieses Übels. Jakobus 4 sagt, dass diejenigen, die ein Freund der Welt sind, Feinde Gottes sind. Das ist eine ziemlich schwerwiegende Aussage. Und weil die Gemeinde Christi gegenüber der Botschaft dieser Welt bisher passiv war, hat sie sich selbst als Feind Gottes positioniert. Jakobus 4 ruft diejenigen, die sich so positioniert haben, zur Umkehr, zur Reinigung ihrer schmutzigen Hände und dazu auf, nicht mehr zwischen *gespaltenen* Interessen zu schwanken und ihre Herzen vom *geistlichen Ehebruch* zu reinigen. Passiv gegenüber einer Botschaft des Bösen zu sein, ist so, als würde man geistlichen Ehebruch begehen.

Wir sehen in 1. Könige 17:1, dass Elia durch die Autorität und Macht des Himmels eine Hungersnot über das Land Israel wegen ihres dunklen Götzendienstes ausgerufen hat. Das ist ein prophetisches Bild und eine Warnung, dass die geistliche Hungersnot eine schwerwiegende Folge ist, die die Gemeinde Christi erfährt, wenn sie Kompromisse eingeht und das Böse toleriert. Der Mangel an Regen steht für den Mangel an Segen, die Abwesenheit Gottes Gegenwart und Seines Geistes, der sich unter Seinem Volk bewegt. Wir sehen, dass der Regen erst in 1. Könige 18 auf Israel niederging, nachdem der Altar des Baal zerstört und die falschen Propheten von Elia abgeschlachtet worden waren. Die Vermischung musste angegangen und der richtige Altar wiederhergestellt werden.

Der Feind weiß, dass die Gemeinde Christi nutzlos ist, wenn sie der Gegenwart und Macht Gottes beraubt ist. Aus diesem Grund besteht die gesamte Agenda der Isebel-Lehre darin, das Volk Gottes dazu zu bringen, geistlichen Ehebruch zu begehen, indem es gegenüber dieser Botschaft des Götzendienstes passiv ist, ihr zustimmt, und sie toleriert.

Der Herr drückt die Position, die Er von den Herzen Seines Volkes verlangt, sehr inbrünstig und klar aus. Der Herr verlangt von uns, entweder heiß oder kalt zu sein (Offenbarung 3:16).

> *So fürchtet nun den Herrn und dient ihm aufrichtig und in Wahrheit, und tut die Götter von euch hinweg, denen eure Väter jenseits des Stromes und in Ägypten gedient haben, und dient dem Herrn! Wenn es euch aber nicht gefällt, dem Herrn zu dienen, so erwählt euch heute, wem ihr dienen wollt: den Göttern, denen eure Väter jenseits des Stromes gedient haben, oder den Göttern der Amoriter, in deren Land ihr wohnt. Ich aber und mein Haus, wir wollen dem Herrn dienen! (Josua 24:14-15)*

Im Grunde genommen lautet meine Umschreibung dessen, was Josua im Namen des Herrn in dieser Schrift oben erklärte: "Entscheide dich: Entweder du lässt dich von Mir scheiden oder du heiratest Mich, aber spiel nicht die Hure. Die Hure ist *selbstsüchtig*. Habe wenigstens den Mut, dein Gelübde mit Mir abzubrechen."

Wir befinden uns in einer Zeit, in der der Herr denen, die Isebel geduldet haben, eine Barmherzigkeitsbotschaft der Reue übermittelt. Es ist an der Zeit, dass die Gemeinde Christi, so wie es zu Josuas Zeiten war, heute wählt, wem sie dienen wird! Wenn die Gemeinde Christi in Herrschaft und Regentschaft über das Königreich wandeln will, darf es keine Vermischung und keine Duldung des Bösen geben.

Isebels Agenda zum Identitätsdiebstahl

Die Duldung und Praxis der Isebel-Lehre *verunreinigt* nicht nur das Volk Gottes, sondern stiehlt auch seine Identität und macht es machtlos, indem ihm eine andere Sicht und ein anderes Bild davon wer Gott ist, angeboten wird

Als Isebel an der Macht war verlor Israel aus den Augen, wer Gott war. Daher Elias' Ansprache an Israel in 1. Könige 18:21 (wir werden uns diese Schriftstelle bald widmen). Wenn wir aus den Augen verlieren, wer Gott ist, verlieren wir aus den Augen, wer wir wirklich sind. Wir handeln nach einem anderen Plan und bringen daher Früchte hervor, die unserem wahren Erbe entgegengesetzt und unterlegen sind.

Die Agenda des Isebel-Geistes ist heute nicht anders. Durch eine verunreinigte Ideologie versucht dieser Geist in dieser Stunde, die Identität einer ganzen Generation zu stehlen. Dies führt dann dazu, dass die Gemeinde Christi von einem minderwertigen Plan aus agiert, der dem Wort Gottes zuwiderläuft und vergebliche Früchte bringt.

Die Gemeinde Christi als Ganzes hat ihre Identität vergessen, weil sie die Regierungsstrukturen Isebel, die sich selbst als Prophetin bezeichnet, toleriert haben. Sie haben eine Doktrin und Lehre toleriert, die im Kern pervers ist und eine eigennützige Agenda fördert.

Aber die Propheten wie Elias kommen hervor, um Israel/die Gemeinde Christi daran zu erinnern, wer sie sind, an ihre wahre Identität. Die Gemeinde Christi ist gemäß der Verheißung Sohn Abrahams. Nicht Götzenanbeter Phöniziens!

Die Botschaft von Isebel

Am 10.10.17 hatte ich einen Traum. Dieses Datum war bedeutsam, weil der Herr oft 10:10 benutzt, um zu mir über Johannes 10:10 zu sprechen.

Der Dieb kommt nur, um zu stehlen, zu töten und zu verderben; ich bin gekommen, damit sie das Leben haben und es im Überfluss haben.

Siebzehn ist eine Zahl von göttlicher spiritueller Ausrichtung und auch Sieg. Ich glaube, dass der Empfang dieses Traums am 10.10.17 ein Zeichen dafür war, dass der Traum eine Botschaft der Entlarvung des Feindes überbrachte, um der Gemeinde Christi Ausrichtung und Sieg zu bringen.

TRAUM ~ Die Schlangen des Westens

Ich war in dem Haus, das ich für das Haus meiner Mutter hielt (anders als das Haus meiner Mutter im wirklichen Leben), und es gab eine Fürbittegruppe, die im Aufenthaltsraum betete. Aus irgendeinem Grund wusste ich, dass wir in Westaustralien waren.

Während die Gruppe Fürbitte hielt, glitt eine Schlange direkt in das Zentrum der Fürbitte. Die Schlange wollte die Propheten des Herrn angreifen, als sie das prophetische Wort des Herrn freisetzen wollten. Ich erinnere mich, wie ich diese Schlange ansah und wusste, dass sie jeden Augenblick zuschlagen konnte. Aber sie schlug nicht zu, sie war einfach da und schaute und beobachtete. Die Fürbitter waren ziemlich beschäftigt mit dem, was sie beteten, indem sie die Schlange zurechtgewiesen haben, aber die Schlange ging nicht weg: Ein Gedanke der Vorsicht und Sorge um die Fürbitter überkam mich, da ich wusste, dass die Schlange jeden Moment zuschlagen konnte. Plötzlich tauchte eine Vielzahl von Schlangen auf, und sie waren überall in diesem Haus, und ich erinnere mich vage daran, dass ich dachte: "Ja, es gibt viele Schlangen in Westaustralien".

Obwohl es das Haus meiner Mutter war, kam irgendwie der Besitzer des Hauses und sagte, er wolle das Haus verkaufen und es potenziellen Käufern zeigen. Ich erinnere mich, dass die Haustür des Hauses zu einem Schlafzimmer führte. Dann sah ich den Immobilienmakler vor dem Haus, wie er die Größe des Hauses maß, bevor er es auf den Markt brachte.

In der nächsten Szene gab es ein Schlafzimmer, das sich an der Vorderseite des Hauses befand. Ich schaute auf das Fensterbrett und sah eine Schlange, die sich auf dem vorderen Fenster zusammenrollte. Ich flippte ein wenig aus, weil ich Schlangen hasse, dann erschienen zwei weitere Schlangen im Zimmer. Eine war weiß mit großen, wulstigen Augen, und die zweite war eine Königskobra. Ich schaute sie an und hatte Angst, sie würden mich beißen, aber sie schlugen nie nach mir, sie schlichen nur auf mich zu.

Ich erinnere mich, wie ich zum Bett hinaufschaute, und es war halb gemacht. Dort lag eine Decke, die halb vom Bett gerollt war. Ich erinnere mich, dass die Kleider von Anastasia (meiner Tochter) auf dem Boden lagen, es war ein ziemliches Durcheinander.

Dann hatte ich Angst und dachte, ich sollte besser den Raum verlassen, weil ich das Gefühl hatte, dass die Schlangen angreifen würden. Als ich versuchte, den Raum zu verlassen, sah ich, wie sich die Königskobra aufbäumte und ihren Hals weit öffnete, die Kiefer streckte und sich auf einen Biss vorbereitete. Ich wusste, dass sie mich beißen würde mit der Absicht, mich zu töten.

Ich rannte aus dem Zimmer und traf diese Gruppe von Leuten, die der Besitzer durchgelassen hatte, um das Haus zu besichtigen. Unter dieser kleinen Gruppe befand sich ein junger Mann im Alter von etwa zweiundzwanzig Jahren. Ich erinnere mich, dass ich hinausging und ihn um Hilfe bat, und obwohl er Angst hatte, hatte er den Mut, ins Schlafzimmer zu kommen, und entfernte mit bloßen Händen alle drei Schlangen.

Ich wusste, dass er dazu Mut brauchte. Es war nicht so, dass er keine Angst hatte, aber er wusste, dass es getan werden musste. Ich fragte: "Haben Sie das mit bloßen Händen gemacht? Wo sind die Schlangen?" Er antwortete: "Ich habe sie weit draußen aufgestellt", ich sagte: "*Wow, du bist wie ein JEHU!*

Ich habe viele Monate über diesen Traum gebetet, da mir die vollständige Interpretation nicht sofort einfiel. Erst als ich Monate später den Traum hatte, den ich zuvor in diesem Kapitel über die Hells Angels teilte, wurde die Deutung dieses Traums vollständig verwirklicht. Ich glaube, diese Träume sind in ihrer Botschaft miteinander verbunden.

Traumdeutung:

In dem „Haus meiner Mutter" zu sein, repräsentiert die Gemeinde Christi. Die Tatsache, dass Fürbitte geschah, weist auch darauf hin, dass das Haus die Gemeinde Christi repräsentiert, wie Jesus sagte: *"Mein Haus soll ein Bethaus genannt werden!"* (Matthäus 21:13). Ein weiteres Zeichen dafür, dass das Haus die Gemeinde Christi repräsentierte, war die Tatsache, dass es, obwohl es das Haus meiner Mutter war, einen anderen Besitzer hatte. Dieser Besitzer ist der Herr.

Dieses Haus in "Westaustralien" repräsentiert die Gemeinde Christi, die sich in der "westlichen Kultur" befindet. Die Schlangen (in den meisten Träumen) stehen für dämonische Aktivitäten, Aufgaben und Präsenz. Die Tatsache, dass sie zuerst in die Gebetsversammlung kamen und dann das ganze Haus infiltrierten, steht für den dämonischen Einfluss, der in der "westlichen Kultur" wohnt und das Haus Gottes infiltriert.

Dieser dämonische Einfluss der westlichen Kultur ist eine perverse Botschaft des Kompromisses, wobei die Erzählung dieser Botschaft versucht, die Gesellschaft dahingehend zu beeinflussen, dass sie das Böse gut und das Gute böse nennt. Die Schlangen des Westens (westliche Kultur) versuchen, die Intimität und das Gebären der Gemeinde Christi (Gebetshaus) zu zerstören und zu verunreinigen. Wir wissen, dass Gebet und Fürbitte Intimität und Geburt bedeuten. Denn wo Intimität ist, da wird auch Gebären sein.

Der Eigentümer "verkauft" das Haus und führt eine neue Gruppe von Menschen durch, spricht von einer "Wachablösung". Der neue Eigentümer durch den Verkauf des Hauses stellt eine neue Regierung im Haus Gottes dar.

DER RÄCHER

Der Immobilienmakler, der, die Vorderseite des Hauses "vermisst", spricht davon, dass die Gemeindeleitung (der vordere Teil des Hauses) des Hauses Gottes in dieser Zeit gemessen und gewogen wird. Wo die Regierung und die Leitung der Gemeinde Christi die Schlangen der westlichen Kultur toleriert und ihrem Einfluss erlaubt haben, in die Gemeinde Christi einzudringen, erzieht der Herr, eine neue Besatzung, die diese Schlangen nicht tolerieren und sie aus dem Haus entfernen wird.

Der "vordere" Raum repräsentierte die Kammer der Intimität der Regierungsführung, denn "vorne" bedeutet führen und Schlafzimmer steht für Intimität. Die kleine niedliche "weiße" Schlange mit Kulleraugen repräsentiert den Geist des Antichristen, der versucht, seine Gefahr zu verbergen, indem er sich als "weiß" verkleidet und hinter eine freundliche Botschaft des Guten versteckt. Zweitens war sie niedlich, so dass sie harmlos aussah. Die Königskobra war jedoch vom Aussehen her nicht so harmlos, und ich wusste, dass sie darauf aus war, mich zu töten. Ich habe in der Vergangenheit mit Kobras in Träumen zu tun gehabt, und ich wusste, dass dies ein Isebel-Geist war. Dies bestätigte sich, als ich den jungen Mann im Traum, der später kam und die Schlangen mit bloßen Händen entfernte, mit JEHU verglich! Jehu in der Bibel war der Mann, der Isebels Herrschaft und Leben stürzte. Dies enthüllte also definitiv die Natur dieser Schlange.

Die unordentlichen Bettdecken repräsentieren ein Haus, das nicht in (göttlicher) Ordnung ist, und da der Name Anastasia im Griechischen Auferstehung bedeutet, repräsentieren ihre Kleider auf dem Boden die Gemeinde Christi, die nicht in der Auferstehungskraft Gottes wandelt, weil sie die Intimität verlassen hat. Der Herr hat Seine Gemeinde dazu berufen, mehr als Eroberer zu sein, das Haupt und nicht der Schwanz zu sein, oben und nicht unten zu sein. Die Gemeinde Christi muss am Ende dieses Zeitalters in der Kraft der Auferstehung wandeln.

Wenn wir die Intimität hinter uns lassen, hinterlassen wir eine Bewegung Gottes. Erweckung wird aus der Intimität heraus geboren. In der Intimität findet die Empfängnis statt, und wenn die Empfängnis stattfindet, folgt die Geburt. In der Tat ist das Verbleiben in der Erweckung ein Verbleiben in der Intimität. Wachbleiben bedeutet, in der Intimität zu bleiben und eine gegenteilige Perversität nicht zu tolerieren, die die Intimität der Gemeinde Christi zu beschmutzen sucht. Wir können nicht nach einer Bewegung Gottes aufschreien und uns nicht in den intimen Gemächern aufhalten. Wir können nicht erwarten, dass der Herr eine Salbung auf all unsere religiösen Rituale und weltlichen Ideen und das ganze modische und fantastische Plastik, das wir tun, herabfallen lässt. Solange die Gemeinde Christi die Botschaft der westlichen Kultur toleriert, die nicht mit der Autorität des Wortes Gottes übereinstimmt, wird sie nicht in der erwachenden Auferstehungskraft Gottes wandeln. Solange die Gemeinde Christi wie die Welt sein will, wird sie nicht abgesondert sein, um über die Grenzen dieser Welt hinauszugehen und sie zu überwinden.

Da ich selbst im Raum bin, die schlafenden Schlangen wecke und um Hilfe rufe, stelle ich die Propheten dar, die die Schlangen (dämonische Einflüsse) in den Kammern der Regierungsführung, die die Erweckung verworfen und einen Isebel- und Antichristengeist toleriert haben, entlarven und offenbaren.

Die Königskobra (Isebel), die ihre Kiefer weit aufreißt, um mich zu töten, steht für diesen territorialen Isebel-Geist, der die Propheten und diejenigen töten will, die als Pioniere einen Aufruf an die Gemeinde Christi richten, zur Intimität zurückzukehren. Dieser Isebel-Geist versucht schon immer, die Stimme der Propheten zu töten, weil diese Propheten das Volk Gottes aufwecken, um zu sehen, dass die westliche Lüge, die in den Leib Christi gekommen ist, eine Haltung der Lauheit verursacht. Die Anwesenheit der Schlangen in den Schlafgemächern ist ein Bild der Beteiligung von Gottesvolk am geistlichen Ehebruch, da Ehebruch gewöhnlich in den Schlafgemächern stattfindet. Dieser spirituelle Ehebruch toleriert eine westliche Kultur, die eine perverse Botschaft vermittelt und versucht, eine Generation durch Lügen zu lenken und zu prägen.

Das Bild von mir, wie ich aus dem Raum renne und um Hilfe rufe, stellt die Propheten dar, die diese nächste Generation von Jehu hervorrufen! Diese

Propheten rufen den apostolischen Auftrag von Jehu hervor! Die wahre apostolische Generation wird der Herrschaft Isebels im Land des geistlichen Israels ein Ende setzen, sie stürzen und ihren Einfluss besiegt sehen.

Es steht eine Wachablösung bevor und eine neue Generation ist dabei, das zu besetzen, was man das Haus Gottes nennt, und sie wird eine Generation Jehu sein! Diese Schlangen wurden toleriert, aber jetzt kommt eine furchtlose, mutige Generation herein, um "das Haus zu säubern" und den Einfluss dieser Eindringlinge aus dem Raum zu vertreiben.

Die Gemeinde Christi kann nicht länger passiv herumsitzen und eine Erzählung von Kompromissen verschlingen!

Die Gemeinde Christi kann das Böse innerhalb ihrer eigenen Grenzen, welches das Auferstehungsleben getötet hat, nicht länger tolerieren!

Die Gemeinde Christi kann nicht länger versuchen, ihr eigenes Leben und ihr Ansehen in der Welt zu retten, indem sie versucht, sich Zustimmung zu erkaufen, dadurch, dass sie das Evangelium verwässert und sich dorthin setzt, wo sich die Verächter und Spötter versammeln! (Psalm 1:1)

Die Gemeinde Christi ist in einer sitzenden Position, aber der Herr hat mir aufgetragen, Ihnen zu sagen, dass Sie sich erheben sollen!!!! Erhebe dich, Jehu, erhebe dich! Erhebe dich, neuapostolische Regierung der Gemeinde Christi!

Eine Jehu-Generation

Jehu bedeutet "Jehova ist Er", oder "Er selbst existiert". Das ist die wahre Bedeutung. Das weist zurück auf die alles überragende Existenz Jahwes. Dass Er Er ist. Er ist der Erste und der Letzte, Derjenige, Der War und Der Ist und Der kommen wird! (Offenbarung 22:13; Offenbarung 1:4)

Diese Jehu-Generation wird nicht nur die dämonische Gegenwart stürzen, die sich in der Gemeinde Christi eingenistet hat, sondern wie in den Tagen des Elias, als Israel zwischen zwei Meinungen schwankte und vergaß, wer der wahre Gott war, wird diese Jehu-Generation nicht nur dem Volk Gottes, sondern auch der Welt "GOTT IST ER" offenbaren!

> *Da trat Elia vor das ganze Volk und sprach: Wie lange wollt ihr auf beiden Seiten hinken? Ist der Herr Gott, so folgt ihm nach, ist es aber Baal, so folgt ihm! Und das Volk erwiderte ihm kein Wort (I. Könige 18:21)*

Elias sagte: "Wie lange wollt ihr auf beiden Seiten hinken? Vermischung, Verwirrung und Doppelzüngigkeit waren die Früchte, die in den Herzen Israels unter dieser dämonischen Führung geboren wurden.

Diese Jehu-Generation wird sagen: Gott ist Er! Sie werden nicht auf den Menschen schauen, um die Stimme Gottes zu hören. Sie werden nicht auf Hollywood als ihre Boten blicken, sie werden nicht auf die Universitäten als ihre Boten und Lehrer blicken, sie werden nicht auf ihre Regierung blicken, um Erlösung zu finden, aber sie werden auf Gott IST ER blicken! Der eine wahre Gott Jahwe! Der allhöchste existierende Eine!

Es ist eine neue Generation im Entstehen, die die Schlangen aufnehmen wird, die bisher toleriert wurden und sie aus der Gemeinde Christi, aus der Kammer der Intimität, hinauswerfen wird. Sie werden die Gemeinde Christi in das Haus des Gebets und der Intimität zurückführen, zu dem sie berufen ist. Dann, meine Freunde, werden wir sehen, wie eine glorreiche, strahlende, überwindende Braut hervortritt, die in der Auferstehungskraft ihres Königs wandelt!

Die Propheten werden nicht mehr wie Elias vor Isebel weglaufen, denn es gibt jetzt einen Mantel von Elisa (den doppelten Anteil), der auf den Propheten ruht, sowie der Mantel von Jehu, der auf die apostolische Regierung kommt.

Sie werden in einem höheren Bereich als je zuvor zusammenfließen und die Kinder Gottes in eine Königreichsregierung führen.

Während die Gemeinde Christi zur Intimität zurückkehrt, wird sie zur Erweckung zurückkehren und diese verlassenen, weggeworfenen Mäntel aufheben und damit in die Welt laufen mit dem Auftrag, Erweckung zu "Christus in euch, die Hoffnung der Herrlichkeit" hervorzubringen. Wenn die Gemeinde Christ zur Intimität zurückkehrt, wird sie eine Bewegung Gottes auf die Erde bringen.

Dies wird keine Erweckung sein, wie wir sie kennen! Diese Erweckung wird ein Erwachen zum Jehova ist Er sein! Zu Demjenigen, Der sie an der geheimen Stätte im Schoß ihrer Mutter gemacht hat. Ein Erwachen zum Schöpfer, ein Erwachen zum All-Ewigen, dem All-Existierenden. Ein Erwachen zu dem Einen wahren Gott!

Die Welt wird zur Stimme des Vaters erwachen, wie Er durch Seine Geliebte den Sohn offenbart.

Wenn sie Jeshua, das Heil und den Erlöser der Welt, hell durch die Gemeinde Christi leuchten sehen, werden sie heimgelaufen in die Arme des Vaters kommen.

Durch die Bewegung dieser Jehu-Generation wird die Gemeinde Christi wieder mit dem Bild des Sohnes versöhnt werden. Gleichzeitig wie Gott, der Er ist, offenbart und wiederhergestellt wird, *so werden auch wir sein wie Er ist*!

POLITISCHER GEIST

Im Jahr 2017, als ich von einer Reise von Israel nach Australien zurückkehrte, hatte ich eine sehr nachteilige Begegnung.

Bei meiner Rückkehr in das Land wurde ich mit einer schallenden Stimme im Geiste und einem überwältigenden Gefühl der Unterdrückung und des intensiven Widerstands empfangen. Das mag für manche seltsam klingen, aber in meinem prophetischen Wandel mit dem Herrn hat Er mir oft erlaubt, solche Begegnungen im Reich des Geistes zu haben, um den Feind zu offenbaren und seine Mandate zu enthüllen. Manchmal brauche ich länger als andere, um zu verstehen und zu begreifen, worauf ich mich einlasse.

Ich war viele Male im In- und Ausland auf Dienstreisen, aber nach meiner Rückkehr bin ich diesem Fürstentum noch nie zuvor auf diese Weise begegnet oder mit ihm in Kontakt gekommen. Allerdings bin ich schon vorher mit ihm in Australien in Berührung gekommen, habe aber den Ursprung des Widerstands, der mir entgegenkam, nie ganz erkannt.

Das widerhallende Echo, das im Geiste auf mich projiziert wurde, war eine "Stimme", die sagte: "Sie sind hier nicht willkommen!" Zwei Wochen lang rang ich damit, nicht ganz zu verstehen, was vor sich ging. Ich ging von einem extremen Hochgefühl, in Israel gewesen zu sein und wunderbare, erstaunliche Begegnungen mit dem Herrn gemacht zu haben, zu tiefer Verzweiflung und Abmühen nach meiner Rückkehr über.

"Was meinen Sie mit Ringen? ", höre ich Sie fragen.

> *Denn unser Kampf richtet sich nicht gegen Fleisch und Blut, sondern gegen die Herrschaften, gegen Gewalten, gegen die Weltbeherrscher der Finsternis dieser Weltzeit, gegen die geistlichen [Mächte] der Bosheit in den himmlischen [Regionen] (Epheser 6:12)*

Thayers griechisch-englisches Lexikon des Neuen Testaments definiert "Ringen" als: *Der Kampf des Christen mit der Macht des Bösen*[2]

Dieser Kampf und Wettkampf sind sehr real, wie Paulus klar zum Ausdruck bringt, dass wir nicht mit Fleisch und Blut ringen, sondern dass wir uns mit den

Mächten der Finsternis im geistigen Bereich auseinandersetzen und mit ihnen ringen. Dies war einer dieser Ringkämpfe.

Ich rang also, ich rang in Fürbitte, suchte Gott und strebte nach Verständnis. Dann, nachdem zwei Wochen vergangen waren, während ich den Boden fegte und noch immer in meinem Herzen rang (ja, der Herr spricht oft zu mir, während ich Hausarbeiten erledigte), ging ein lauter, schallender Satz durch meinen Geist, der das Ringen zerbrach. Die Wolke der Unterdrückung hob sich, ich konnte die Gefühle der Ausgrenzung einordnen und absoluter Friede durchflutete mein Herz, als ich im Innern so laut die Worte des Heiligen Geistes hörte: *"Geist des Sektierertums"*.

Dann fuhr der Herr fort, mir zu offenbaren, dass ich in den vergangenen zwei Wochen tatsächlich mit diesem Fürstentum zu tun hatte und dass es über der Nation Australien stand. Infolgedessen wurde ich, nachdem ich dies in der Schrift weiter untersucht hatte, auf eine Reise der Offenbarung und des Verständnisses der Funktionsweise, Handeln, Mandate und Früchte dieses Fürstentums und seines Einflusses innerhalb des Leibes Christi mitgenommen.

Nur als Randbemerkung für meine australische Leserschaft: Ich hatte im August (2018) eine Begegnung, bei der der Herr mir offenbarte, dass die Strukturen und der Sitz des Einflusses dieses Fürstentums auf unsere Nation durch die Hand Gottes abgebaut und herunterkommen würden. Gelobt sei Gott!

Lassen Sie uns fortfahren,

Verschiedene Wörterbücher definieren das Sektierertum als eine übermäßige Bindung an eine bestimmte Sekte oder Partei, insbesondere in Religion und *Politik*.

Nach dem Oxford-Wörterbuch kann *Politik* wie folgt definiert werden:

1. Die mit der Regierungsführung eines Landes oder Gebietes verbundenen Aktivitäten, insbesondere die Debatte zwischen den Machtparteien.

2. Die Prinzipien, die sich auf eine Sphäre oder Aktivität beziehen oder ihr inhärent sind, insbesondere wenn es um Macht und Status geht. *Synonyme: Machtkampf, Manipulation, Opportunismus.*

3. Aktivitäten, die darauf abzielen, den Status einer Person zu verbessern oder die Macht innerhalb einer Organisation zu vergrößern.[3]

Nach dieser Definition sehen wir, dass Politik sich auf die Debatte zwischen den Parteien bezieht, die grundsätzlich im Bedürfnis nach Macht und Anerkennung verwurzelt ist. Daher der Zusammenhang zwischen Sektierertum und dem Funktionieren eines politischen Geistes.

Paulus warnt die Gemeinde Christi in seinen Briefen mehrmals vor diesem "Parteigeist".

Offenbar sind aber die Werke des Fleisches, welche sind: Ehebruch, Unzucht, Unreinheit, Zügellosigkeit; Götzendienst, Zauberei, Feindschaft, Streit, Eifersucht, Zorn, Selbstsucht, Zwietracht, **Parteiungen** *(Galater 5:19-20 Betonung hinzugefügt).*

Wir sehen hier, dass der Parteigeist/politische Geist eine Praxis und ein Werk des Fleisches ist. In Galater 5:20 wird er als Geist bezeichnet, d.h. er hat die Macht, auf ein Herz einzuwirken, das sich nicht ganz den Wegen des Herrn unterwirft, welches durch das Fleisch wirkt und versucht, das Fleisch zu befriedigen. Wie geht das? Fragen Sie sich vielleicht. Werfen wir einen Blick auf das Wirken, den Auftrag und die Frucht dieses Geistes.

Waisenkind-Mentalität

Der beste Weg, diesen Geist in die Regierungsstruktur der Gemeinde Christi zu integrieren, führt über Menschen mit verwaisten Einstellungen. Ein politischer Geist versucht, sich mit jemandem oder etwas (Organisation, Konfession usw.)

zu identifizieren, anstatt in ihrer Identität in Christus verwurzelt und verankert zu sein.

> *Ich ermahne euch aber, ihr Brüder, kraft des Namens unseres Herrn Jesus Christus, dass ihr alle einmütig seid in eurem Reden und keine Spaltungen unter euch zulasst, sondern vollkommen zusammengefügt seid, in derselben Gesinnung und in derselben Überzeugung. Mir ist nämlich, meine Brüder, durch die Leute der Chloe bekannt geworden, dass Streitigkeiten unter euch sind. Ich rede aber davon, dass jeder von euch sagt: Ich gehöre zu Paulus! – Ich aber zu Apollos! – Ich aber zu Kephas! – Ich aber zu Christus! Ist Christus denn zerteilt? Ist etwa Paulus für euch gekreuzigt worden, oder seid ihr auf den Namen des Paulus getauft? (1. Korinther 1:10-13)*

Hier sehen wir, dass die Korinther sehr irregeführt wurden, da sie versuchten, sich mit einem natürlichen Leiter statt sich mit Christus zu identifizieren. Paulus sagte, wenn man sich mit einer *anderen* Person als Christus identifiziert, führt das zu Spaltung, Zwietracht und Streit.

Der natürliche Mensch möchte sich mit jemandem oder etwas Prominenten oder Erfolgreichem *identifizieren*. Dieses Verhalten löscht die Authentizität aus, da es Klone von Menschen hervorbringt, die so sein wollen wie das, womit sie sich identifizieren. Deshalb hören wir vielleicht Christen sagen: "O, ich bin von dieser Bewegung/Gemeinde, oder ich bin von jener Bewegung/Gemeinde". Sie identifizieren sich eher mit der Organisation als mit dem Herrn. Paulus sagt, wenn man solche Dinge tut, entstehen Spaltungen, Fraktionen und Sekten. Indem eine Person das sagt, kommt es in der Tat von einem Ort des Stolzes, der die Vorstellung von Überlegenheit und Unterlegenheit zum Ausdruck bringt. Ich bin besser, oder unsere Gemeinde ist besser, oder mein Pastor ist besser. Das führt zu Spaltungen, Streitigkeiten und Auseinandersetzungen, wie Paulus betont hat. Wenn sich Menschen mit dem identifizieren, was sie für erfolgreich oder herausragend halten (was

Ruhm oder Bekanntheit bedeutet), und nicht mit Christus allein, dann stellen sie ihre Identität in ein fleischliches Ideal und leben nicht aus ihrer intimen Beziehung zu Christus heraus. Christen, die ein solches Verhalten an den Tag legen, werden in ihrem Wachstum und ihrer Reife oberflächlich bleiben.

Ich war in Gesprächen, in denen Menschen buchstäblich versucht haben, mich zu evangelisieren, damit ich in ihre Gemeinde wechsele. Freunde, wir sollen nicht andere Christen aus ihren Gemeinden heraus evangelisieren, weil wir denken, unsere Gemeinde sei das "A und O". Das ist reine Arroganz und Stolz, und es ist eine Haltung des Fleisches, die das fleischliche Christentum zeigt, das in Wirklichkeit Unreife ist.

Wir sind beauftragt worden, in die ganze Welt zu gehen und die Verlorenen zu evangelisieren, nicht zu evangelisieren und aus den Teichen oder Wasserstellen anderer Menschen zu fischen (Markus 16:15-16). Schafe von anderen Weiden zu stehlen, da ist ein politischer Geist am Werk. Paulus sagte, dieses Verhalten ist einfach nicht angebracht!

Wir müssen die wunderbaren Unterschiede im Leib Christi, die verschiedenen Rollen, Funktionen und einzigartigen Identitäten, prominent oder versteckt, berühmt oder nicht, groß oder klein, ehren und respektieren. Dann werden wir die Harmonie und Einheit sehen, die Paulus so sehr ersehnte, um zu sehen, wie der Leib des Herrn in ihnen funktioniert.

> *Denn ihr seid noch fleischlich. Solange nämlich Eifersucht und Streit und Zwietracht unter euch sind, seid ihr da nicht fleischlich und wandelt nach Menschenweise? Denn wenn einer sagt: Ich gehöre zu Paulus! der andere aber: Ich zu Apollos! – seid ihr da nicht fleischlich? Wer ist denn Paulus, und wer Apollos? Was sind sie anders als Diener, durch die ihr gläubig geworden seid, und zwar, wie es der Herr jedem gegeben hat? Ich habe gepflanzt, Apollos hat begossen, Gott aber hat das Gedeihen gegeben. So ist also weder der etwas, welcher pflanzt, noch der,*

welcher begießt, sondern Gott, der das Gedeihen gibt. Der aber, welcher pflanzt, und der, welcher begießt, sind eins; jeder aber wird seinen eigenen Lohn empfangen entsprechend seiner eigenen Arbeit (1. Korinther 3:3-8).

Paulus weist in diesem Abschnitt nachdrücklich darauf hin, dass jeder im Leib Christi liefert. Niemand ist größer oder wichtiger in seiner Arbeit, aber jede Funktion ist gleich in ihrer Notwendigkeit. Er erklärt nur Gott als den Größeren, der das Ergebnis dessen, was gesät wurde, herbeiführt.

Die Fleischlichkeit wird versuchen, die Aufmerksamkeit auf den Menschen zu lenken. Die Frucht der geistlichen Reife wird jedoch darin bestehen, die Aufmerksamkeit auf den Herrn zu lenken. Im Grunde sagt Paulus hier, dass wir mit diesen Denkweisen und Gesinnung noch Babys sind. Solange das Fleisch regiert, wird es Spaltung unter uns geben.

Der politische Geist dreht sich im Wesentlichen um Macht

Wie bereits erwähnt, hat die Definition von Politik einen überwältigenden Fokus auf das Bedürfnis nach Macht und das Ringen um Machterhalt oder Machtgewinn. Eine politisch beeinflusste Regierung bringt selbstsüchtige Häupter hervor, die ihr Leben nicht für die, die sie führen, aufgeben, weil sie bedauerlicherweise für sich selbst darin handeln. Jemand, der motiviert ist oder unter dem Einfluss eines politischen Geistes steht, wird alles tun, um seinen Ruf zu retten, um die Macht *zu erhalten* oder *zu gewinnen*. Diejenigen, die unter diesem Einfluss stehen, werden sich bereitwillig auf die Politik einlassen und *das Spiel* der Politik *mitspielen*, um Position und Anerkennung zu gewinnen, zu behalten oder aufrechtzuerhalten.

Das Spiel spielen

Eine Gemeinderegierung unter dem Einfluss eines politischen Geistes wird ihrem Wesen nach nicht authentisch sein, da die Systeme, die hinter dem Wirken dieses Geistes stehen, "das Spiel spielen" müssen. Das "Spiel" um Gunst, Anerkennung, Förderung und Einfluss hat eine Reihe von Regeln, nach denen man spielen muss. Diese Regeln können sogar ethischer und "christlicher" Natur sein. Sie sind nicht immer notwendigerweise böse oder fleischlich, aber sie sind durch eine fleischliche Agenda motiviert. Um diese Regeln aufrechtzuerhalten, muss man Kompromisse eingehen und sich verkaufen, um im Spiel zu bleiben. Wer sich diese Spielregeln widersetzt, wird in den meisten Fällen in Ungnaden fallen und von den Sekten und Cliquen exkommuniziert werden.

Eine politisch getriebene Organisation schafft ein Bündel von Regeln, an die man sich halten muss, mit Methoden und Systemen, die, um jeden Preis einzuhalten sind. Sie arbeitet mit einem religiösen Geist zusammen. Religion hält eher das Gesetz aufrecht als die Beziehung zu Gott. Wenn sich das mit einem politischen Geist verbindet, ist sie sehr gut darin, die Spaltung aufrechtzuerhalten. Ein politischer Geist wird dazu ermutigen, beim Regieren die Politik über die Wahrheit zu stellen. Die Pharisäer zur Zeit Jesu waren ein typisches Beispiel dafür. Sie wollten unbedingt ihre Gesetze, Traditionen und Politik über das Empfangen der Wahrheit des Evangeliums aufrechterhalten, für das Jesus auf die Erde kam, um sie zu geben.

Das schwerwiegende Problem, mit dem die Gemeinde Christi bisher zu tun hatte ist die Tatsache, dass die Regierungsstruktur und die Kultur des Leibes Christi im Großen und Ganzen diesem Geist unterworfen waren.

Wir wissen, dass Politiker in einer säkularen Regierung bekanntlich die Identität eines Chamäleons annehmen, um die Gunst des Volkes zu behalten, auch wenn dies bedeutet, die Wahrheit zu kompromittieren. Diejenigen, die diesem politischen Geist dienen, priorisieren bzw. konzentrieren sich also darauf, ihren Ruf, ihre Macht und ihren Einfluss, um jeden Preis aufrechtzuerhalten. Daher sind große Kompromisse in die Gemeinde Christi eingezogen, und wir haben uns einem politischen Geist gebeugt, der "politisch korrektes Verhalten" befürwortet.

Politische Korrektheit: Die Falle der Gemeinde Christi, die, wenn ihr nicht entgegen gewirkt wird, im Wesentlichen ihr Grab sein wird

Der Begriff "politisch korrekt" bezieht sich auf Sprache, Politik oder Maßnahmen, die darauf abzielen, *Anstoß* zu vermeiden.

Es hat eine sehr ungesunde Welle politisch korrekter Indoktrination in die Gemeindekultur im Allgemeinen gegeben, die versucht, der Wahrung von Ruf und Gunst Vorrang vor der Wahrheit des Evangeliums einzuräumen. Wir haben Begriffe, die wir bei der Verkündung des Evangeliums verwenden, abgeschwächt, um niemanden zu beleidigen.

Mir gefällt, was die prophetische Schriftstellerin und Bloggerin Dawn Hill in ihrem Artikel über eine Gemeinde Christi, die keine Rechtfertigung braucht sagt:

> *"Wenn unsere persönliche Version des Evangeliums inhaltlich so aufbereitet ist, dass sie der fleischlichen Natur eines Menschen entspricht, dann ist sie nicht authentisch, sondern eher rechtfertigend. Mir wird zunehmend bewusst, dass das Herz des Vaters uns zu dem zurückführt, was wirklich zählt, und jede Facette von Ihm zählt. Gemeinde Christi, hör auf, dich zu entschuldigen. Das authentische Evangelium und die Gegenwart des Heiligen Geistes beleidigen, bringen Verfolgung und vervielfältigen die Gemeinde Christi.*

> *Bereiche, in denen der Leib Christi geistlich krank war, werden durch Authentizität geheilt, die nur in Ihm zu finden ist. Wir stehen an einem Steilhang vor einem Zug Gottes, der astronomische Ausmaße hat. Das kommt nicht mit einer Verbeugung vor der Kultur in der Welt. Es kommt, wenn die Gemeinde Christi ihren Platz einnimmt und ohne Entschuldigung die vom Thronsaal ausgehende Gegenkultur etabliert. Dies ist eine Gemeinde Christi, die keine Rechtfertigung nötig hat."*[4]

Sie erklärt weiter, dass der Leib Christi dringend einer Reformation bedarf. Diese Reformation entschuldigt sich nicht für ein Evangelium, das auf die Ewigkeit eines anderen bedacht ist! Gut gesagt, Dawn!

Bedauerlicherweise hat sich die Gemeinde Christi im Laufe der Zeit bemüht, jede Art von Verfolgung um jeden Preis zu vermeiden. Dies ist ein absoluter Beweis für ein politisch beeinflusstes Regierungsorgan. Wir sind entmutigt worden, *"starke"* Worte wie Reue, Sünde oder Götzendienst zu sagen. Diese Worte sind auf den meisten Kanzeln der westlichen Welt zu einem Tabu geworden. Warum? Es ist politisch nicht korrekt. Diese Sprache könnte Menschen beleidigen. Stattdessen denkt man: "Lasst uns diese Worte neu verpacken, indem wir sie verwässern und nicht den Elefanten im Raum rufen, um die Menschen nicht zu beleidigen". Nun, Jesus hatte einiges über diese Art des Denkens zu sagen. Durch intensive Liebe motiviert, lief Jesus bei vielen Gelegenheiten Gefahr, Menschen zu beleidigen, indem Er ihnen die Wahrheit verkündete. Ein Beispiel, das mir in den Sinn kommt, ist Johannes 6:55-56.

> *Denn Mein Fleisch ist wahrhaftig Speise, und mein Blut ist wahrhaftig Trank. Wer mein Fleisch isst und mein Blut trinkt, der bleibt in mir und ich in ihm.*

In Vers 60 wird deutlich, dass Seine eigenen Jünger sehr mit dieser Botschaft zu kämpfen hatten.

> *Viele nun von seinen Jüngern, die das hörten, sprachen: Das ist eine harte Rede! Wer kann sie hören?*

Jesu Worte der Wahrheit haben sie beleidigt. Es war schwer für sie, sie zu hören. Es war *beleidigend* und sogar seltsam! Jesus antwortete ihnen in Vers 61-62.

> *Ist euch das ein Ärgernis? Wie nun, wenn ihr den Sohn des Menschen dorthin auffahren seht, wo er zuvor war?*

So ist es in der Gesellschaft heute. Die Wahrheit ist schwer zu hören geworden. In der „Amplified Classic Version" der Bibel wurden die Aussprüche Jesu als *skandalisierend* und *schockierend* erklärt. So ist es auch in unserer westlichen Gesellschaft. Die Wahrheit ist schockierend geworden, weil sie so verwässert und kompromittiert wurde. Für diejenigen, die von einer antichristlich geprägten Kultur und einer politisch geprägten Gesellschaft beeinflusst sind, klingt die Wahrheit fast wie Ketzerei. Die Wahrheit ist in den Ohren derjenigen, die sich mit dem Reich der Vernunft und des Verstandes zufriedengeben, seltsam, ja sogar fremd.

Warum ist die Wahrheit so wichtig? Jesus wurde in Johannes 8:32 zitiert,

> *Und ihr werdet die Wahrheit erkennen, und die Wahrheit wird euch frei machen! Sie werden die Wahrheit erkennen, und die Wahrheit wird Sie befreien.*

Die Wahrheit ist wichtig, weil sie Freiheit bringt. Wenn wir ein System aufrechterhalten, das ein Kompromittieren der Wahrheit fördert, dann sind wir Befürworter der Knechtschaft!

Territorial

Ein politischer Geist ist gegen Einheit und ist territorialer Natur. Etwas, das territorial ist, bezieht sich auf das *Eigentum*. Menschen können in Gemeinden territorial sein, wenn es um Positionen und Dienstbereiche geht. Diese Haltung ist einheitsfeindlich und versucht verzweifelt, die Autorität über eine Region, Position, einen Ort, eine Gemeinde, eine Organisation usw. aufrechtzuerhalten. Sie verteidigt ihre Grenzen und zielt darauf ab, jeden fernzuhalten, der ihre Macht und Herrschaft bedrohen könnte. Wie bereits erwähnt, werden diejenigen, die in einem politischen Geist handeln, von dem Bedürfnis nach Macht und Anerkennung getrieben, so dass jeder, der diese Agenda möglicherweise demontieren oder in Frage stellen könnte, als Bedrohung angesehen wird.

Der Sohn Gottes begegnete diesem schrecklichen Geist, als er auf der Erde wandelte. Die Pharisäer wurden von einem politischen Geist getrieben, der auf dem Stolz in ihren Herzen und dem Bedürfnis nach Macht und Anerkennung durch die Menschen beruhte (Matthäus 23). Jesus und die Botschaft, die Er überbrachte, waren eine absolute Bedrohung für dieses Paradigma, weshalb sie Ihn töten wollten.

Wir sehen jedoch, dass sich dieser politische Geist bereits früher im Leben Jesu in Matthäus 2 manifestierte, als Herodes Besuch von Männern aus dem Osten hatte. Als er von der Geburt eines Königs erfuhr und erkannte, dass seine Stellung bedroht und die Macht seines Königreichs in Frage gestellt werden könnte, ordnete er die Todesstrafe für alle kleinen Jungen bis zu zwei Jahren an. Dieser Geist ist in seinem Streben nach Machterhalt rücksichtslos. Mord, Verfolgung und Schikane sind offensichtliche Früchte eines politischen Geistes in Aktion.

Das Mandat Jesu war die Freiheit der Gefangenen, und dieser politische Geist widersetzte sich Ihm vehement und hielt Ihn von dem Gebiet fern, auf das Er den größten Einfluss ausüben sollte, nämlich auf Sein eigenes Volk.

Die Identität eines politischen Geistes hat ihre Wurzeln im Territorium, nicht in der Freiheit. Wie bereits erörtert, geht ein politischer Geist von einer verwaisten Denkweise aus, und die Wurzeln einer verwaisten Denkweise sind Verlassen werden oder Ablehnung. Das Wirken dieses Geistes ist also Ablehnung. Er lehnt ab, um sein Territorium zu erhalten.

Dieser Geist versucht, Sie aus Ihrem Zuständigkeitsbereich "herauszuhalten". Er sagt: "Sie werden hier nicht gemocht, willkommen oder erwünscht". Er verwendet also die Sache, die dem zugrunde liegt als Waffe: ABLEHNUNG.

Konkurrenzdenken

Eine territoriale Mentalität ist in ihrem Kern von Konkurrenz geprägt. Sie verdeckt ein falsches Gefühl der Einheit. Aber sie ist sehr selektiv, wer sich dieser Bewegung anschließen kann. Deshalb bin ich kein Fan von Bewegungen. Ich habe nicht gesagt, dass sie böse sind, ich bin nur kein Fan von ihnen. Denn Bewegungen können exklusiv werden. Wo es ein exklusives Denken gibt, da gibt es eine Anti-Einheitsmentalität. Sie fördert eine territoriale Denkweise und lehnt die einzigartigen individuellen Bedürfnisse und Funktionen der verschiedenen Glieder des Leibes ab (1. Korinther 12.12-27).

Wir müssen uns daran erinnern, dass es im Leib Christi verschiedene Strömungen und Ausdrucksformen gibt. Jakob sprach verschiedene Segnungen über seine Söhne, die für sie und ihr Erbe einzigartig sind. Diese wurden dann zu den Stämmen Israels, die alle aus einem unverwechselbaren, individuellen Ausdruck heraus funktionieren (1. Mose 49). So ist es auch mit dem Leib Christi: Es gibt verschiedene Teile und Glieder im Leib, die entsprechend funktionieren. Wenn aber Identität zu einer ausschließlichen Denkweise wird, zu einer Denkweise des "Wir sind besser als ihr", dann ist das Sektierertum und ein politischer Geist.

Auch hier kommt eine wettbewerbliche Denkweise aus einer verwaisten Grundlage der Erfüllung des Bedürfnisses, sich zu "beweisen". Sie wurzelt in egoistischem Ehrgeiz, und ihre Identität wird geformt und gründet sich darauf, wen wir "übertrumpfen" können oder über wen wir "besser" sind.

Ein "konkurrierender" Geist verleugnet die wahre Einheit im Leib Christi. Wahre Einheit wird durch wahre Demut geschmiedet. Wahre Demut ist ein Produkt der Erkenntnis Ihrer wahren Identität. Wenn Sie in Christus wirklich wissen, wer Sie sind, wissen Sie, dass Sie ohne Ihn nichts sind. Wenn wir das tun, wozu uns der Vater inspiriert, führt und befähigt, haben wir kein Bedürfnis, mit anderen zu wetteifern oder sie zu "übertrumpfen".

Deshalb wandte sich Paulus an die Korinther und machte dieses fleischliche Verhalten des Vergleichens untereinander öffentlich. "Ich bin von Paulus, ich bin von Apollos", ist eine fleischliche Denkweise. Konkurrenzdenken ist fleischlich! Die Gemeinde Christi nützt niemandem etwas, wenn sie in der Fleischeslust verwurzelt ist.

Das Gegenmittel: Demut als Grundlage der Einheit

Als ich eines Tages für die Einheit unter den christlichen Leitern und Gemeinden in meiner Stadt betete, bat ich den Herrn um Schlüssel und Strategien. Dann hörte ich einen Satz in meinem Geist widerhallen,

Einigkeit wird sich dort manifestieren, wo Sohnschaft demonstriert wird!

Ich verstand sofort, welche Botschaft Er mir damit vermittelte. Wenn der Leib Christi in ihrer Identität in Christus verwurzelt und verankert ist, reifen sie als Söhne heran. Sie finden keine Notwendigkeit, miteinander zu konkurrieren, weil sie wissen, wer sie in ihrer individuellen Funktion und ihrem individuellen Ausdruck sind, und feiern die einzigartigen Unterschiede ihrer Brüder und

Schwestern. Ihre Identität ist in Christus verwurzelt und nicht mehr in ihrem eigenen fleischlichen Streben. Infolgedessen ist die vollkommene Liebe in ihrem Leben so weit gereift, dass sie nicht mehr von einem Ort der Angst aus Handeln, der sie dazu treibt, sich zu "beweisen" und ihre Mitbrüder zu "überbieten".

Wie wir jedoch gerade gelesen haben, fördert ein politischer/parteilicher Geist den Wettbewerb. Es sprießt: "Ich bin besser!", "Nein, ich bin besser!" Paulus sagte, das sei alles Quatsch! Eine Denkweise, die nach Überlegenheit strebt und immer danach strebt, "besser" zu sein als ihre Mitbrüder, ist eine verwaiste Denkweise, die vom Herzen Christi losgelöst ist.

Wie ich bereits erwähnt habe, wird der Geist der Einheit dort zu finden oder offensichtlich sein, wo es einen Geist und ein Herz der Demut gibt. Stolz auf der anderen Seite führt zu Streit und Zwietracht. Das Ergebnis eines Wettstreits ist Spaltung.

> *Durch **Übermut** entsteht nur Streit; wo man sich aber raten lässt, da wohnt Weisheit (Sprüche 13:10 Betonung hinzugefügt).*

Stolz ist egozentrisch und kämpft für seine eigene Sache. Er ist in seinem Kern selbstsüchtig und wehrt sich dagegen, verwundbar zu sein oder nachzugeben. Er verteidigt seine eigene Agenda, anstatt der Vernunft nachzugeben. Um Teamplayer zu sein, müssen wir uns einander unterwerfen.

> *Ebenso ihr Jüngeren, ordnet euch den Ältesten unter; ihr alle sollt euch gegenseitig unterordnen und mit Demut bekleiden! Denn Gott widersteht den Hochmütigen; den Demütigen aber gibt er Gnade (1. Petrus 5:5).*

Es gibt keine Gegenwart Gottes, wo Hochmut Spaltung geschaffen hat, wie wir in diesem Vers deutlich sehen. Gott widersteht den Stolzen. Das bedeutet, dass Seine Gnade (Ermächtigung, Macht, Gunst, Segen und *Gegenwart*) nicht vorhanden ist. Wir sehen eine große Abwesenheit des letzteren im Leib Christi insgesamt. Könnte dies der Hinweis für die Gegenwart eines politischen Geistes sein, der die Kultur unserer Gemeinderegierungsleitung beeinflusst, um die Gemeinde Christi unwirksam, unreif, fleischlich und aus der Gegenwart Gottes herauszuhalten?

Psalm 133,1-3 offenbart, warum Gott einen Segen befiehlt, wo das Volk in Einheit wohnt.

> *Siehe, wie fein und wie lieblich ist's, wenn Brüder in Eintracht beisammen sind! Wie das feine Öl auf dem Haupt, das herabfließt in den Bart, den Bart Aarons, da herabfließt bis zum Saum seiner Kleider; wie der Tau des Hermon, der herabfließt und auf die Berge Zions; denn dort hat der Herr den Segen verheißen, Leben bis in Ewigkeit.*

Das in diesem Vers erwähnte Öl ist die Salbung. Die Salbung, also die Gegenwart Gottes, wird dort zu finden sein, wo Einheit unter den Brüdern herrscht, dort wo von Menschen gemachten Agenden für die größere Sache Christi niedergelegt worden sind und wo die Brüder sich in Demut gekleidet haben und einander dienen.

Der Herr hat uns berufen, Teamplayer zu sein. Der Grundgedanke eines Teamspielers ist es, zu begreifen, dass wir einander brauchen, um unser Ziel zu erreichen.

Ein unabhängiger Geist strahlt eine Haltung der Überlegenheit und Arroganz aus und erkennt nicht die Notwendigkeit, dass andere das Ziel erreichen müssen. Man kann sich niemandem unterordnen, den man nicht ehrt. Ehre bedeutet, jemanden hoch zu schätzen und zu respektieren. Wenn es also keine Achtung und keinen Respekt füreinander gibt, dann entschärft das die Fähigkeit, sich einander zu unterwerfen.

Bezieht man das also auf ein gemeinsames Bild der Harmonie im Leib Christi, so wird, wenn wir uns alle unserer eigenen Funktion verpflichten und nicht versuchen, jemand anders zu sein, die Macht in dieser Einheit die

Fähigkeit des Feindes massiv vernichten und Gottes Absichten ungehindert durchsetzen.

> *So demütigt euch nun unter die gewaltige Hand Gottes, damit er euch erhöhe zu seiner Zeit! Alle eure Sorgen werft auf ihn; denn er sorgt für euch (1. Petrus 5:6-7).*

Das Gegenmittel gegen den Einfluss eines politischen Geistes, der seine Agenda der Spaltung unter den Brüdern betreibt und erfüllt, besteht darin, sich wirklich der Hand Gottes zu unterwerfen und darauf zu vertrauen, dass Er Sie dorthin bringt, wo Sie sein müssen, wenn Sie dort sein müssen. Alles Streben, das Bedürfnis nach Selbstförderung und Frustration wird verschwinden, und der Friede Gottes wird in Ihrem Herzen herrschen und Sie vor Ängsten und Sorgen schützen, die Sie vielleicht erleben.

Während des Wartens leiden wir unter Ängsten und Sorgen. Deshalb lädt uns der Herr dazu ein, diese Sorgen auf Ihn zu werfen, denn Er sorgt für uns. Er hat Verständnis dafür, dass wir uns Sorgen um die Teile im Prozess machen, die wir nicht verstehen. Ihm ist es ein Anliegen, wenn wir darum kämpfen, im Glauben und Vertrauen zu bleiben. Er nimmt die Dinge, mit denen wir in unseren Herzen ringen, wichtig. Er sorgt sich! Werfen Sie Ihre Sorgen auf Ihn und lassen Sie sich von Ihm befördern und dorthin bringen, wo Sie in Seinem Zeitplan sein müssen, und vertrauen Sie darauf, dass Ihm dabei Ihr Wohl am Herzen liegt.

Die Demontage falscher Häupter

Kapitel 7

WACHABLÖSUNG EIN NEUER WEINSCHLAUCH DER GÖTTLICHEN REGIERUNG

Während ich dieses Buch schrieb, gab es eine Zeit, in der der Herr mir immer wieder die Zahlen 12:12 vor Augen führte. Ich sah dies auf meinem Telefon, meiner Mikrowelle, meinem Computer und meiner Autouhr. Überall, wohin ich in dieser bestimmten Zeit schaute, sah ich nur die Zahlen 12:12. Als ich den Herrn danach fragte, erinnerte Er mich daran, dass 12 "göttliche Regierung" oder "die Regierung Gottes" bedeutete. Der Herr offenbarte mir, dass Er Sein Volk in dieser Zeit auf Seine göttliche Regierung auf der Erde ausrichtet.

EINE GÖTTLICHE REGIERUNG DER AUTORITÄT UND MACHT

Das Wort Regierung ist ein Autoritätswort. Jede Art von Regierung verfügt über Autorität und Macht, Regeln zu schaffen und sie durchzusetzen. Sein Königreich entsteht mit einer rechtschaffenen Regierung, die die Autorität und das Gewicht des Himmels trägt. Mit anderen Worten: Der König der Herrlichkeit zieht ein und ermächtigt Seine Gemeinde als göttliche Regierung, zu agieren und die Autorität und Macht des Himmels auf der Erde zu demonstrieren.

WIR REGIEREN VOM VERBORGENEN ORT AUS

Eines Tages während meiner kostbaren Gebetszeit mit dem Herrn wurde ich in eine Begegnung eingeholt, in der ich begann, eine souveräne Bewegung Seines Geistes auf Seine Gemeinde zu sehen und zu erleben, die in den kommenden Monaten und Jahren stattfinden würde. Diese Begegnung ist mit Worten schwer zu beschreiben, denn man müsste sie erleben, um sie zu verstehen. Ich sah den Herrn kommen und Seinem Volk in der Fülle Seiner Person begegnen, aber ich war überwältigt von der Kraft und Autorität Seiner manifesten Gegenwart. Ich sah sofort die Notwendigkeit, in Ihm "verborgen" zu sein, weil diejenigen, die nicht in Ihm "verborgen" sind, nicht in der Lage sein würden, die Geschwindigkeit der Kraft Seiner "Begegnung" aufzunehmen oder mit ihr zu fließen.

> *Denn ihr seid gestorben, und euer Leben ist **verborgen** mit dem Christus in Gott. Wenn der Christus, unser Leben, offenbar werden wird, dann werdet auch ihr mit ihm offenbar werden in Herrlichkeit (Kolosser 3:3-4 Betonung hinzugefügt).*

Jesaja 9:5 sagt, dass die Regierung Gottes auf die Schultern des Messias gelegt worden ist. Das bedeutet, dass nur ER die Macht und Autorität des

Himmels tragen kann. Nur Seine Schultern können sie tragen, weil Er den höchsten Preis dafür bezahlt hat. Kolosser 3:3 sagt, durch die Errettung sind wir für diese Welt *tot* und jetzt "*in* Christus verborgen". Deshalb können wir die Autorität des Himmels *durch* Christus tragen, indem wir in Ihm *verborgen sind*. Wir können die Autorität und Macht des Himmels nicht *getrennt* von Christus tragen, noch können wir in ihr aus eigener Kraft, menschlicher Weisheit, Anstrengung oder mit eigenen Mitteln handeln. Wir können nicht getrennt von der Führung des Heiligen Geistes Dinge erschaffen und erwarten, dass der Himmel uns mit Macht und Autorität bestätigt. Alles, was außerhalb der Führung des Heiligen Geistes geschaffen oder getan wird, ist nicht von Gott geboren. Es ist fleischlich. Es mag eine "gute" Sache sein, es ist aber keine "göttliche" Sache. Gute Dinge überwinden nicht die Welt. Nur göttliche Dinge tun es.

"Gute" Dinge haben gewöhnlich eine irdische Agenda für die Verherrlichung des Menschen. Göttliche-Dinge haben immer eine himmlische Agenda zur Verherrlichung Gottes und zur höheren Berufung des Menschen.

> *Denn alles, was aus Gott geboren ist, überwindet die Welt; und unser Glaube ist der Sieg, der die Welt überwunden hat (1. Johannes 5:4).*

Es sind die aus dem Geist Gottes geborenen Dinge, die die Angriffe in der Welt ertragen werden. Weil sie aus dem Geist geboren sind, sind sie *nicht dem* Tod, dem Verfall und der Korruption unterworfen. Ebenso werden nur Dinge, die aus dem Geist Gottes geboren sind, in der Lage sein, das *Gewicht* Seiner Herrlichkeit zu tragen und zu erhalten.

Um nun im zweiten Teil des Verses 4 von Kolosser 3 weiterzumachen, mit Ihm in der Pracht Seiner Herrlichkeit zu *erscheinen*, ist unmöglich für diejenigen, die nicht den Begierden und Geboten des Fleisches gestorben sind. Wenn noch der Wunsch besteht, "gesehen" zu werden, hat der Tod nicht stattgefunden. Aber diejenigen, die in Christus verborgen sind und kein irdisches Verlangen haben, können mit ihm im Glanz Seiner Herrlichkeit erscheinen. Das bedeutet, dass sie in einer souveränen Bewegung Gottes, die Autorität und Macht des Himmels in der Zeit Seines Erscheinens demonstrieren werden. Eine souveräne Bewegung Gottes findet statt, wenn "Er erscheint" oder "einzieht". Diejenigen, die wirklich verborgen sind, sind diejenigen, die sich danach sehnen, dass Christus allein gesehen wird, und die der Menschheit die Hand reichen, um Seine Wunder auf Erden zeigen.

Diese Herzposition ist die Plattform der Reinheit, von der die Regierung des Himmels ausgeht. Wahre Autorität des Himmels wird durch Gläubige freigesetzt, die in Christus verborgen sind. Sie haben weder das Bedürfnis noch den Ehrgeiz, gesehen zu werden, sie wollen weder Ruhm noch Bekanntheit. Sie finden ihre Identität nur in Ihm. Sie demonstrieren wahre Autorität und Macht des Königreichs, indem sie Nationen unterwerfen und in der Fülle und dem ursprünglichen Zweck, der dem Menschen im Garten Eden gegeben wurde, wandeln. Sie führen die Herrschaft Gottes über die ganze Erde aus! (1. Mose 1:28).

WACHABLÖSUNG

Wie in Psalm 24 offenbart wird, tragen die "Häupter", die die Leitungen des Leibes Christi sind, die Verantwortung dafür, dem König der Herrlichkeit zu erlauben, "einzuziehen" und bei Seinem Volk zu bleiben.

Als ich über dieses Wort nachdachte und das Herz Gottes in Bezug auf Seine Strategie erforschte, kam das Wort des Herrn zu mir und sagte

"In dieser Stunde kommt ein Regierungswechsel im Leib Christi, vom Haus Saul zum Haus David, vom Haus Vasti zum Haus Ester."

Als ich über dieses Wort meditierte, hatte ich ein Aha-Erlebnis. Diese beiden Szenarien in den Schriften zeichnen perfekt das Bild der Übergabe einer Regierungsführung, die "um *Seines* Reiches willen" stattfand.

NEUE WEINSCHLAUCH-REGIERUNG

Es gibt einen neuen Weinschlauch der Leiterschaft, den der Herr in dieser Stunde hervorbringt, diejenigen, die wie David nach Gottes Herzen trachten und ihr Leben nicht einmal bis zum Tod lieben wie Ester. Wahrhaft mutige, hingegebene Leitungen mit reinem Herzen, die das Volk Gottes zum Sieg führen werden. Sicherlich werden diese Leiter den Goliaths entgegentreten und die Hamans bloßstellen. Wie der Herr in Psalm 37:13 sagt:

Aber der Herr lacht über ihn; denn er sieht, dass sein Tag kommt

Der "Tag" des Feindes ist vorüber, und es ist an der Zeit, dass sich Gottes Volk in Sieg, Macht und Stärke erhebt, während es von dieser neuen Weinschlauchleitung geführt, ausgebildet und ausgerüstet wird.

Im Januar 2017 sprach der Herr zu mir und sagte

"In diesen Tagen und in den kommenden Tagen erhebe ich "Abrissball-Reformer" im Leib Christi, mit der Stirn Johannes des Täufers, die die verborgenen Heucheleien und religiösen Systeme herausfordern werden, die keine Früchte des Königreichs bringen, und die Mein Volk der Religion und Tradition versklaven."

In der Gemeinde Christi findet gerade eine Reformation der Wahrheit statt, die eine REVOLUTION hervorbringen wird. Diese Revolution ist keine Revolution der Gewalt und des Hasses, sondern eine Revolution wütender *Liebe* und *Leidenschaft*, die die Finsternis auf den Kopf stellt und den Gefangenen die Freiheit bringt.

Diese aufstrebenden "Abrissball-Reformer" werden keine Leben oder Herzen zerstören, sondern dämonische Lügen und Systeme, die Gottes Volk verraten, damit es ein Leben führt, das weniger wert ist als das, wofür Sein Blut auf Golgatha vergossen wurde.

Reformer stellen Systeme von menschengemachten Idealen in Frage, enthüllen die Wahrheit in den Schriften und entlarven Heucheleien in eigennützigen Agenden. Gott erhebt eine neue Regierung in der Gemeinde Christi "für das Volk". Dies ist die Regierung von David und Ester.

DER REGIERUNGSWECHSEL ~ DIE AUFSTREBENDEN DAVIDS UND ESTERS

Saul und Vasti repräsentieren eine eigennützige Regierung, aber Gott erhebt in dieser Stunde die Leitungen mit dem Herzen von David und Ester, die zuerst dem Herrn dienen und dann dem Volk dienen. Jene wie Ester setzen ihr Leben aufs Spiel, um das Volk Gottes zu retten. Diese selbstlosen Leiter sind wahre Hirten, die ihr Leben für Seine Sache hingeben und Ihn vor den Menschen fürchten. Und so wie David die Bundeslade (die Gegenwart Gottes für das Volk) wiederherstellte und nackt vor Gott und den Menschen tanzte, so sind auch die Davids, die in dieser Zeit auftauchen, entkleidet von Performanz, Rituale, Würde, Ehre, Titel, eigennützige Ziele, egoistischen Ehrgeiz und Ansehen. Sie sind der Sache, der Liebe und dem Streben des Königs völlig eingestellt.

Ihr Mandat des Himmels besteht darin, die Gegenwart Gottes für das Volk wiederherzustellen und die religiösen und weltlichen Strukturen niederzureißen, die dem Volk Gottes den Zugang zu Seiner Gegenwart verwehren.

Diese neue Führung kennt ihren Gott und vollbringt gewaltige Heldentaten. Sie sind ausgebildet und ausgerüstet, sind Anbeter in Intimität mit Gott, kommen wie David aus der Wildnis und erschlagen die Riesen, die das Volk Gottes seit Generationen verspottet haben.

DIESE NEUE FÜHRUNG WIRD DIE ÜBERWINDER ZUR WELT BRINGEN!

Sie werden mit Mut und Glauben führen. Sie werden mit Liebe und Gnade führen. Sie werden mit Mitgefühl und Macht führen.

Sie werden mit der Furcht des Herrn führen!

DIE ZEIT DES OPTIMIERENS UND VEREDELNS, SIEBENS UND AUFSCHÜTTELNS

In dieser Zeit optimiert und veredelt Gott Seine neue aufstrebende Regierung. Obwohl David und Ester von Gott für göttliche Aufgaben auf Erden ernannt und gesalbt wurden, trugen sie immer noch Hindernisse in ihrem Fleisch, die es auszurichten galt, um das Mandat des Himmels auf Erden hervorzubringen. Gott gießt jetzt Sein verfeinerndes Feuer auf Seine Gefäße als abschließende Ausrichtung für das glorreiche Ergebnis.

Esters Veredelung und glorreiche Wirkung

Da Ester für eine Zeit wie diese aufgefordert wurde, im Namen ihres Volkes eine Petition an den König zu richten, musste sie die Angst überwinden, die sie an der Erfüllung ihrer Mission zu hindern versuchte (Ester 4). Doch dank des entschlossenen Rates ihres Cousins Mordechai, der ihre Furcht herausforderte und sie an ihre Berufung erinnerte, starb sie ihrer Furcht und verkündete: *"Komme ich um, so komme ich um!"* (Esther 4:16). Diese historischen Worte werden das Mantra einer aufstrebenden Führung sein, die für ihre eigene Agenda, ihre eigenen Wege gestorben ist und der Mission des Himmels

Vorfahrt gewähren. Sie werden in der Macht der Auferstehung wandeln und sehen, wie im Namen ihres Königs das Unmögliche möglich gemacht wird. Sie werden im Licht der Herrlichkeit des Königs wandeln, die sich auf die Bedeutung von Ester bezieht: Stern/helles Licht. Dies ist symbolisch für eine Regierung, die sich in der Gerechtigkeit des Königs erhebt und wie die Mittagssonne scheint (Psalm 37:6).

Davids Veredelung vor der Geburt einer neuen Ära

Viele Führungspersonen, die in dieser Zeit als Davids berufen sind, durchlaufen eine letzte Veredelung und Ausrichtung, um den Auftrag des Königreichs, den Gott in sie hineingelegt hat, zu verwirklichen. Ein perfektes Beispiel dafür ist, als David im Herzen hatte, die Bundeslade als Kernstück des Gottesdienstes vor Israel zurückzubringen. Die Bundeslade war während der gesamten Dauer des Gerichts von Samuel und der Herrschaft von König Saul in Israel im Haus Abinadab aufbewahrt worden. David wandte sich an die Versammlung Israels und brachte diesen Wunsch und diesen Auftrag, die in seinem Herzen brannten, zum Ausdruck.

> *Und David sprach zu der ganzen Gemeinde Israels: Wenn es euch gut erscheint und wenn es von dem Herrn, unserem Gott ist, so lasst uns rasch [Botschaft] senden zu unseren übrigen Brüdern in allen Gegenden Israels, sowie zu den Priestern und Leviten in ihren Bezirksstädten, dass sie sich zu uns versammeln; und lasst uns die Lade unseres Gottes wieder zu uns holen; denn zu den Zeiten Sauls fragten wir nicht nach ihr! (1. Chronik 13:2-3)*

Derselbe Auftrag obliegt dieser neuen, im Entstehen begriffenen Regierung, die Gegenwart Gottes als Mittelpunkt und Fokus Seines Volkes wiederherzustellen. Beachten Sie, dass sie dies während der Tage Sauls nicht gesucht haben. Dies zeigt deutlich, dass eine Saul-Regierung nicht an der Gegenwart Gottes interessiert ist.

Daher der Grund, warum es einen Regierungswechsel vom Haus Saul zum Haus David gibt. Die Gegenwart Gottes wird zu Seinem Volk wiederhergestellt.

Bei der Erfüllung dieses Auftrags versuchte David jedoch, dies mit dem Arm des Fleisches zu tun. Auch wenn das Ziel edel und gottgefällig war, so war die *Art und Weise, wie* er es zuerst verfolgte, nicht die gleiche. Tatsächlich heißt es in der Heiligen Schrift, dass Gottes Zorn gegen sie entfacht wurde. (2. Samuel 6:7)

Für diejenigen unter Ihnen, die mit der Geschichte nicht vertraut sind: Davids erster Versuch, die Bundeslade nach Jerusalem zu bringen, geschah außerhalb der Ordnung, wie Gott es befohlen hatte. Es gab einen *Weg*, den Gott für den Umgang mit Seiner Lade vorgesehen hatte, aber David zeigte nicht die Ehrfurcht oder den Respekt vor Gottes Gebot und entschied sich, die Dinge auf seine Weise zu tun (1. Chronik 13:7-14).

Gemäß 1. Chronik 15:15 sollte die Bundeslade auf den Schultern der Leviten getragen werden, aber David dachte sich: "Gut, ich hab's! ich habe diese Vision von Gott, ich werde einen "neuen Wagen" machen und die Bundeslade darauf stellen!" Erkennen Sie, worauf ich damit hinaus will? Ja, wir versuchen, Gottes gegebene Vision mit all diesen neuen Ideen, Programmen, Veranstaltungen, Gemeindesystemen und Strukturen, d.h. dem "neuen Wagen", zu verwirklichen, tun es im Arm des Fleisches durch Leistung und versuchen, Gottes Gegenwart darauf zu befestigen!

Der Herr sagt: *"Ich werde nicht auf einem "neuen Wagen" fahren, der mit den Händen von Menschen gebaut wurde"*!

Bei diesem ersten Versuch, die Bundeslade nach Jerusalem zu bringen, hatte David eine große Prozession mit Gesang, Lobpreis und Opfern am Laufen. O, die Show muss unglaublich gewesen sein! Aber sie hat Gott kein bisschen beeindruckt. Manchmal beeindruckt das, was die Menschen beeindruckt (die Show, die Lichter, die Fanfare und das große Getue), Gott nicht. Er verlangt einfach, dass die Dinge auf *Seine Weise* gemacht werden, nicht nach all unseren großartigen Ideen und neuen Designs.

Dann sehen wir, wie die Rinder, die diesen schön aussehenden Wagen zogen, auf den die Bundeslade gestellt war, über die Tenne stolpern. Als Ussa seine Hand ausstreckte, um die Lade zu festigen, entbrannte Gottes Zorn gegen ihn, Er schlug ihn, und er starb (2. Samuel 6.6-7). Infolgedessen wurde David zornig und beleidigt über Gott, weil Gott seinen Mangel an Ehrfurcht vor Seiner Gegenwart nicht gutheißen konnte!

Manchmal können wir uns von Gott beleidigt fühlen, weil Er unsere Werke und Bemühungen, *Seinen Willen* außerhalb Seiner Wege zu erreichen, nicht würdigt!

Gottes Wille muss auf Gottes Weg getan werden! Ja, es ist Sein Weg oder kein anderer Weg!

Diejenigen, die Gottes Gegenwart kennen, können sich mit ihr vertraut machen und die Ehrfurcht und den Respekt vor dem *Heiligen* verlieren. Obwohl David gesalbt und in seinem Mandat dazu berufen wurde, Gottes Gegenwart wiederherzustellen, wurde er mit dem, was *heilig* ist, vertraut. Er versuchte, die Vision aus eigener Kraft und mit fleischlicher Vernunft zu erfüllen. Wenn wir es auf unsere Weise tun, kann es gefährlich sein. Wenn wir dummes Zeug außerhalb der Führung der Gegenwart Gottes tun, öffnen wir uns dem Tod, wie es bei Ussa der Fall war. Davids Leitung im Fleisch hatte sehr ernste Auswirkungen auf Gottes Volk.

DAS AUFSCHÜTTELN, UM AUSRICHTUNG UND DAS MANDAT HERVORZUBRINGEN

In dieser Stunde lässt Gott die Rinder über die Werke des Fleisches stolpern. Er hat Seine David-Führung auf die Tenne gebracht, bevor diese neue Ära geboren werden kann, bevor diese neue Bewegung losbrechen kann, und Er sichtet und trennt die Spreu vom Weizen. Er erschüttert, was erschüttert werden kann, was nicht mit Ihm in Einklang steht und bringt Seine Söhne und Töchter dazu, zur Furcht des Herrn zurückzukehren.

Nun kann ich mir vorstellen, dass man David in modernen Begriffen als einen Erweckungsprediger oder etwas in dieser Richtung bezeichnen würde. Ein Mann, dessen Herz zuallererst für die Gegenwart Gottes war. Aber er scheiterte bei seinem ersten Versuch an einem Mangel an Ehrfurcht und Furcht des Herrn.

DIE GEBURT EINER NEUEN ÄRA – VERSUCH DIE BUNDESLADE NACH JERUSALEM ZU BRINGEN TEIL ZWEI

Nachdem er drei Monate lang wegen Gottes Antwort auf seinen Mangel an Ehrfurcht geschmollt hatte, beschloss David, es noch einmal zu versuchen und den Auftrag zu erfüllen, den Gott ihm gegeben hatte, die Bundeslade nach Jerusalem zurückzubringen. Diesmal beschloss er, es auf *Gottes Art* zu tun. Die bedeutende Veränderung in seinem Herzen war an seiner Kleidung zu erkennen. Er zeigte sich in hingegebener Demut vor dem Herrn. Es war keine professionelle Darbietung, die ihn und sein Königreich verherrlichen würde. Nein! Nun beschloss er, seine irdischen, königlichen Gewänder, die seinen Titel und seine Stellung kennzeichneten, auszuziehen und dem Herrn in dem priesterlichen Gewand, einem weißen Leinen-Ephod, zu dienen. Er lenkte die Aufmerksamkeit des Volkes in der Anbetung auf den Herrn, anstatt durch eine große Prozession die Aufmerksamkeit auf sich zu lenken. Diese äußerliche Demonstration des inneren Wandels in seinem Herzen ist eine prophetische Darstellung einer Führung, die würdig ist, diese neue Ära der Gegenwart Gottes unter dem Volk wiederherzustellen und zu begründen.

HINGEGEBENE LIEBHABER

Die hingegebene, radikale Anbetung Davids ist ein Modell, das der Herr von denen verlangt, die in der Regierung Davids wandeln wollen. Der Herr sehnt sich nach einem Volk, das Ihn im Geist und in der Wahrheit anbetet, und ruft dazu auf. Dies ist das Modell für die Wiederherstellung der Gegenwart Gottes. Gott lädt aufstrebende Leiter mit dem Herzen Davids ein, sich von Traditionen, Formalitäten, Erwartungen, Leistungen, egoistischen selbstsüchtigen Absichten und fleischlichen Überlegungen zu befreien und sich in Seinem Feuer neu taufen zu lassen. Denn der Herr sucht eine hingegebene Liebe, transparent und roh, authentisch im Herzen, eingetaucht in die Furcht des Herrn. Diese Hingabe an die Gottesfurcht statt an die Menschenfurcht führt dazu, dass ein Volk den KÖNIG mit einer radikalen hingegebenen Liebe anbetet. Eine Liebe, die zur Schau gestellt und nicht hinter Ruf und Status, Würde und Tradition versteckt wird. Eine Liebe, die wie wildes Feuer zündet und das Volk Gottes aufruft, diesem Beispiel zu folgen.

FRISCHES FEUER, UM DIE DOCHTE DER HERZEN ANZUZÜNDEN

Der Herr richtet die Herzen in dieser Zeit aus, wie in den Tagen des Elias, als Er der Gott war, der mit Feuer antwortete! Wir sind in diesen Tagen, in denen der Herr sich Seinem Volk durch Feuer offenbaren wird! Denn es war nicht die Welt, die der Herr zu überzeugen suchte, sondern ein Volk, das bei Seinem Namen gerufen ist, aber nun an Götzendienst und Hexerei kränkelte.

So wie Elia den Altar in 1. Könige 18 wieder aufbaute, so wird nun der Altar des Herzens wiederhergestellt und ausgerichtet. Das Fundament der Regierung des Königreichs wird neu gelegt, prophetisch dargestellt durch Elia, der die 12 Steine platziert, während er den Altar wieder aufbaut. Und so wie Elia Wasser über den Altar goss, bevor das Feuer vom Himmel ihn verzehrte, so werden die Herzen in das Wasser der Buße getaucht, bevor die Feuertaufe sie verzehrt.

Das ist der schüttelnde Teil, die Tenne, eine frische Beschneidung des Herzens, das Beschneiden des Dochtes in Matthäus 25. Die Dochte unserer Herzen müssen beschnitten werden, wo einst die Offenbarung brannte, wo wir Dinge auf eine bestimmte Weise wussten und taten, da ruft uns Gott auf einen *neuen Weg*. Wir müssen die alte Art und Weise, Dinge zu tun, abschneiden, indem wir den Docht abschneiden, eine neue Buße des Herzens. Er kommt mit frischem Feuer, und frisches Feuer wird nicht auf einem alten Docht brennen. Er will, dass wir mit frischer Offenbarung brennen, weil Er uns auf einen Weg führt, den wir zuvor nicht gegangen sind (Josua 3,4). Erlauben wir Ihm, das Wasser über den Altar unserer Herzen zu gießen und uns im Jordan der Buße neu zu taufen.

Es muss eine neue Beschneidung des Herzens geben, ein neues Zurückschneiden des Fleisches aus dem Bereich von Sinn und Verstand, dem Ort des Handelns im Arm des Fleisches, weil Gott uns höher beruft. Jetzt ist die Zeit des Ausgießens von Wasser auf den Altar. Nehmen Sie die Veredelung der Dinge, auf die Gott Seinen Finger legt, an und tun Sie Buße dafür. Dinge, die in der vergangenen Zeit in Ordnung gewesen sein mögen, es aber in der nächsten nicht mehr sind. Damit befinden Sie sich in einer Zeit der Vorbereitung auf das frische Feuer.

Jetzt ist die Zeit, sich in der Furcht des Herrn neu taufen zu lassen und sich daran zu erinnern, dass dies alles nicht durch Macht, auch nicht durch Kraft geschieht, sondern durch Seinen Geist (Sacharja 4:6).

Dieses frische Feuer beinhaltet die Furcht des Herrn. Die Furcht des Herrn wird Sie veranlassen, vom Bösen abzuweichen und Sie befähigen, in Seinem Licht und Seiner Weisheit zu wandeln (Sprüche 9:10). Die Furcht des Herrn wird die Abgesonderten kennzeichnen, die nicht an der Verderbnis dieser Welt teilhaben wollen.

DIE FURCHT DES HERRN KEHRT IN DIE GEMEINDE CHRISTI ZURÜCK

Das Wort des Herrn kam zu mir und sagte:

"Die Furcht des Herrn kehrt zu Meinem Volk zurück, zu Meinen Leitern, die das Herz Davids haben. Dabei werden sie eine Anpassung und Ausrichtung so wie David erleben, der bei seinem ersten Versuch, die Bundeslade auf den Wagen setzte, erlebte. Denn mein Wunsch ist es, dass mein Volk und somit meine Leiter meinen Willen auf MEINE ART UND WEISE tun. Die Furcht des Herrn kehrt zu Meiner Gemeinde zurück, damit sie Mich auf eine Weise anbeten, die Mir gefällt, nicht auf eine Weise, die den Menschen oder sich selbst gefällt. Denn was Mir gefällt, gefällt nicht immer denen des Hauses Sauls. Denen, die Wert darauf legen, wie das Fleisch aussieht, denen, die den Menschen und seine Meinung fürchten und nicht Meine Meinung. Denn Michal, Sauls Tochter, verspottete und verachtete David wegen der Anbetung, die Mir gefiel (2. Samuel 6:16). Die aus dem Haus der Fleischeslust werden spotten und verachten, was Mir gefällt, denn der Verstand des Fleisches steht im Krieg mit dem Verstand des Geistes (Römer 8). Denn was Mir gefällt, kann für den fleischlichen Verstand anstößig sein. Aber denen, die ihr Herz in dieser Zeit ausgerichtet haben und die wie David Buße getan haben, weil sie versucht haben, das Heilige auf unheilige Weise zu tragen, denen, die das Wasser der Buße auf den Altar ihres Herzens gegossen haben und sagen: "SCHICKE DEIN FEUER, WIR BRAUCHEN DEIN FRISCHES FEUER HERR!, werde ich meine Freude an einem solchen Opfer zeigen, und ich werde mit FEUER antworten, und es wird sich zeigen, wer Mir in Reinheit und Gerechtigkeit dient, durch das offenkundige FEUER MEINER GEGENWART IN IHRER MITTE.

Über diejenigen, die sich des Mantels der Würde und der Billigungssucht des Menschen entledigen, werde Ich Meine Gunst ausgießen, Ich werde sie als Stimme in dem Land erheben, in das Ich sie senden werde. In dem Land, in das Ich sie senden werde, sollen sie Mein Licht sein, das mitten in der Nacht hell brennt! Sie werden Meine Fackeln sein, sie werden Meine Leuchtfeuer der Wahrheit sein.

Denjenigen, die sich dafür entscheiden, Mich im Geist und in der Wahrheit anzubeten und um den rechten Altar herum anzubeten, werde Ich mit FEUER begegnen.

Denn selbst in den Tagen Davids, als es eine Prozession des großen Lobpreises und der Anbetung gab, die die Bundeslade auf dem "neuen Wagen" anführte, fand sie nicht meine Zustimmung oder Gunst. Und selbst in den Tagen des Elias beteten die Propheten des Baal um einen falschen Altar herum an, opferten sich alle, schnitten sich selbst und machten viel "Lärm", aber er zog Mein Feuer nicht an. All der Lärm in der Welt in der Gemeinde Christi bedeutet nicht, dass ich angekommen bin. Sie werden Mich daran erkennen, dass ich ein Gott bin, der mit FEUER antwortet!

Wisset, dies ist die Stunde der Davids, die sich ihres irdischen Ansehens, ihrer Titel und der Notwendigkeit entledigen werden, mit Respekt, Ehrfurcht und Ehre betrachtet zu werden, und die vor Mir transparent werden.

Dies ist die neue Art der Führung. Das ist die neue Regierung, die sich nicht davor fürchtet, verletzlich zu sein und ihre Schwächen und Unzulänglichkeiten aufzudecken, die ehrlich ist und sich nicht hinter dem Deckmantel der Ehrbarkeit und des Ansehens versteckt.

Das Haus Saul (das Fleisch) strebt nach Ehre, Respekt, Bewunderung, Lob und Ansehen, aber die des Hauses Davids (des Heiligen Geistes) sagen ICH BIN GENUG!

Wir wissen, dass David von seinen engsten Vertrauten verfolgt wurde. Davids eigene Frau (Sauls Tochter) verspottete und verachtete seine würdelose selbstlose Anbetung vor dem Herrn. Seine Antwort an sie war: "Sieh mich an, ich gehe noch tiefer, damit mein König noch höher erhoben wird!

Die aufstrebende Regierung des Königreichs, wird Gott hoch erheben. Nicht der Name von Organisationen, Gemeinden, Ämtern oder Programmen. Sie werden Ihn hoch erheben, und dann werden wir sehen, wie alle Menschen zu Ihm hingezogen werden!

Wachablösung Ein neuer Weinschlauch der göttlichen Regierung

Kapitel 8

DIE DAVID-REGIERUNG

Während der ganzen Zeit, in der ich dieses Buch schrieb und diese Botschaft in mir trug, hatte ich einige tiefgreifende Begegnungen, die diesen Regierungswechsel, der sich im Leib Christi vollzieht, prophezeit haben.

Als Prophetin ist mein Leben häufig metaphorisch und natürliche Umstände sagen voraus, was der Herr in dieser Zeit mit Seinem Volk tut oder tun wird.

NEUE ORDNUNG, NEUES AUTO, NEUER WEIN UND DIE VERLORENEN SCHLÜSSEL VON DAVID WERDEN GEFUNDEN!

Im Monat November 2018 führte mich der Herr dazu, meine engstehenden Fürbitter zum Fasten und Beten zu versammeln, denn Er kündigte mir an, dass der November im Übergang zum 12. Monat Dezember, eine Verschiebung in die Einsetzung einer göttlichen Regierung markieren würde.

Vor dem Fasten wurde ich zu Kapitel 1 von Samuel geführt, in dem die Geschichte von Hanna, Samuels Mutter, beschrieben wird, die sich nach Jahren der Unfruchtbarkeit in tiefer Bedrängnis befand und untröstlich zum Herrn um Seine Hand aufschrie, die sich für sie bewegen sollte. Die Geschichte geht weiter und erzählt, dass Eli (der damalige Hohepriester in Israel) sie weinen sieht und sie fragt, was ihre Seele bedrückt. Offen und verletzlich teilt sie die tiefe Trauer über ihre Situation. Zu ihrer Überraschung findet sie in Elis Augen Gnade, und er prophezeit, dass ihr Herzenswunsch bald erfüllt werden wird.

Die Geschichte geht weiter und genau das ist passiert. In Hannas unglücklichem Moment verspricht sie dem Herrn jedoch, dass sie diesen Sohn dem Herrn opfern würde, damit er Ihm alle Tage seines Lebens im Tempel dienen kann.

Dieses Baby, das Hanna empfing und zur Welt gebracht hat, ist, wie wir wissen, der berühmte Prophet Samuel, der zu jener Zeit eine neue Regierungsordnung repräsentierte. Eli, der damals aktuelle Priester, hatte die Augen vor seinen aufsässigen rebellischen Söhnen verschlossen, die das Heilige im Tempel verunreinigten und die heilige Rolle des Priestertums verhöhnten.

Meine Geschichte geht weiter... Als die Woche, die dem Fasten vorausging, voranschritt begannen sich detaillierte Begegnungen zu manifestieren, die auf die Hand Gottes hinwiesen, die sich in dieser Regierungsumbildung bewegte.

Einige Tage vor dem Fasten erhielt ich ein neues Auto, worauf ich Gottes Prophezeihung vertraut hatte, dass ich es wirklich bekommen würde. Die Marke, die Farbe, alles war souverän von Gott gegeben, was eine detaillierte Erfüllung eines prophetischen Bildes war. Sehen Sie, der Herr sagte mir Monate zuvor: *"Anita, wenn sich dein neues Auto manifestiert, wird es ein Zeichen für eine neue Zeit sein, ein neues Fahrzeug für eine neue Zeit."* Das Interessante daran ist, dass der Herr mir Monate zuvor die Farbe und die Marke gezeigt hatte, woraufhin Er wollte, dass ich Ihm vertraue, dass ich genau diese Farbe und Marke bekommen werde, wie Er es mir verheißen hat. Normalerweise würde ich mich nicht für ein Auto dieser bestimmten Farbe entscheiden, aber irgendwie hat sich der Wunsch in meinem Herzen niedergelassen. Die Farbe war ein tiefes Weinrot, und die Marke des Autos war ein Jeep "Compass". Der Herr hatte mir Träume über neuen Wein gegeben, und schon bald war ich buchstäblich besessen von dieser Weinfarbe. Ich musste mein Haus in dieser Farbe dekorieren, ich musste Kleider in dieser Farbe kaufen, alles, um diesen neuen Wein für die neue Zeit, die neue Ausgießung aus einem neuen Weinschlauch sowie eine neue Ordnung, zu prophezeien.

So manifestierte sich dieses Auto plötzlich, aus heiterem Himmel, mit allem Drum und Dran was ich in meinem Herzen hatte. Dann wurde mir klar, dass der Name des Autos ebenfalls prophetisch war, ein Jeep "Compass". Durch diese prophetische Geschichte, die sich in meinem Leben abspielte, erklärte der Herr, dass Er in dieser Zeit nicht nur neuen Wein aus einer neuen Ordnung durch ein neues Fahrzeug freisetzt, sondern uns auch den Kompass (die Navigation) gibt, wie wir Ihm in dieser neuen Zeit folgen können. Echt irre!

Nun fragen Sie sich vielleicht: "Was hat das mit Samuel und mit der neuen Ordnung zu tun? Bleiben Sie dran, es wird besser.

Also lasse ich das Auto registrieren und wechsle am 22. November (ja, das Datum ist wichtig) den Besitzer auf meinen Namen, wobei ich mir nichts dabei gedacht oder dazu geplant hatte. Als ich zum Personalschalter gehe, schaue ich auf den Namen der Dame, die mich bedient, ihr Name ist HANNA! Zufall? Das glaube ich nicht! Der Herr bestätigte, dass das alles mit dem Fürbittefasten und der Manifestation des neuen Fahrzeugs zusammenhing. Aber es kommt noch besser!!!

DER RÄCHER

Der Name des Typen, von dem wir den Jeep gekauft haben (alles in dieser strategischen Woche vor dem Hanna-Fasten) ist, ja, Sie haben es erraten: DAVID! Nun passierte eine faszinierende Sache mit dem Kauftausch dieses Autos. David, ein ungläubiger chinesischer Staatsbürger, der in Australien studiert, brachte seine wunderschöne Freundin mit, um den Tausch durchzuführen. Als sie nach der Abgabe des Autos zu ihrem Haus zurückkehrten, entdeckte er, dass er seine Hausschlüssel verloren hatte! Er ruft auf dem Handy meines Mannes an und bittet ihn freundlich, das Auto gründlich zu durchsuchen, um zu sehen, ob er seine Hausschlüssel finden kann. Mein Mann schaut auch unter der Abdeckung des Ersatzrads sehr gründlich nach, aber keine Schlüssel.

Er teilt einem sehr verzweifelten David mit, dass wir seine Hausschlüssel nicht haben. In der Zwischenzeit hatte unser Fürbitteteam und ich mit dem Fasten begonnen. Die erste Nacht unseres Gebetstreffens war mehr als tiefgründig, um es milde auszudrücken. Zeit und Salbung erlauben es mir nicht, alle Einzelheiten dessen freizugeben, was in der Fürbitte-Sitzung hinsichtlich unseres spezifischen Suchens nach Gott in dieser Zeit geboren wurde, aber eine Sache, die ich erwähnen kann, war ein bedeutendes Ereignis und eine Begegnung mit dem Geist Gottes in unserer Mitte, die das Erscheinen der neuen Ordnung und den Regierungswechsel, den Er im Vorfeld des Fastens offenbarte, bedeutete.

Am selben Abend erhalten wir eine Textnachricht von David, in der es hieß: "Ich möchte nicht unhöflich sein, aber darf ich bitte vorbeikommen und selbst nach den Schlüsseln suchen, da ich einen Stein auf meinem Herzen habe, der mich sehr bedrückt". Mein Mann verstand dann, dass der Herr hier im Spiel war. Mein Mann hat immer einen Riecher für eine reife Seele und hatte mir bei der ersten Begegnung mit David gegenüber erwähnt, dass er dachte, der Herr habe sie über unseren Weg gebracht, um ihnen das Evangelium zu verkünden.

Als mein Mann gedanklich bei der Erlösung Davids war (die ich übrigens bezeugt habe) und ich gedanklich prophetisch unterwegs war, wurden meine Augen und Ohren für etwas so Tiefgreifendes geöffnet, dass es mich umhaute. Ich telefonierte mit meiner engen Freundin und Fürbittepartnerin und besprach die verschiedenen Ereignisse in unserer Fürbitteversammlung am Abend zuvor, als mein Mann unterbrach und sagte: "David wird zu dieser und jener Zeit hier sein". Dann übermittelte ich meiner Freundin am Telefon, was vor sich ging, und was aus meinem Mund kam, stoppte mich, denn es war, als hätte ich den Satz dreimal gehört, nachdem ich ihn gesagt hatte. Ich sagte zu ihr: "David hat seine Schlüssel verloren und kommt, um sie zu suchen". Erschrocken fragte ich sie: "Hast du das gehört?" Ich sagte es noch einmal: "David hat seine Schlüssel verloren und kommt, um sie zu suchen!" Ich sagte zu meiner Freundin: "Ich kann das nicht glauben, der Herr zeigt uns etwas so Tiefgründiges."

Lassen Sie mich zu dem Zeitpunkt zurückbringen, als der Herr mich am 22. mein Auto registrieren ließ. Die Zahl 22 ist ein Symbol des Schlüssels Davids, der Regierungsgewalt, die auf Erden wie im Himmel herrscht. Darauf sind wir in Kapitel 1 kurz eingegangen.

> *Und ich will ihm auch den Schlüssel des Hauses Davids auf seine Schulter legen, sodass, wenn er öffnet, niemand zuschließen kann, und wenn er zuschließt, niemand öffnen kann (Jesaja 22:22).*

Das ist der gleiche Tag, an dem ich die Verkäuferin Namens Hanna sah, und der Herr sagte zu mir: *"Ich ließ dich am 22. den Wagen in Besitz nehmen, weil es eine Tür symbolisierte, die ich für diese neue Zeit geöffnet hatte, die kein Mensch schließen kann."*

Während wir das im Hinterkopf behalten, lassen Sie uns mit der Geschichte fortfahren und herausfinden, was mit David passiert ist, der seine Schlüssel verloren hatte. Erkennen Sie, worauf ich damit hinaus will?

Ich telefoniere also mit meiner Freundin und sage, dass der Herr mir in dieser ganzen Situation etwas Prophetisches zeigt. Ich sagte ihr: "Das alles steht im

Einklang mit dem Regierungswechsel und der Geburt der neuen Ordnung. Der Herr sagt, dass die Gemeinde Christi den Schlüssel Davids, den Jesus ihr in Matthäus 16:19 gegeben hat, verlegt hat. Sie ist nicht in der Regierung des Königreichs gewandelt, aber der Herr veranlasst Seine Gemeinde, ihren Schlüssel - den Schlüssel Davids - zu finden. Dies symbolisiert das Erwachen der Gemeinde Christi zur Verwirklichung der Autorität und Regierung, die ihr durch Jesu Tod, Begräbnis und Auferstehung gegeben wurde". Ich sagte zu ihr: "Lass uns beten." So beteten wir, dass die Engel die Schlüssel von David zurückholen und er sie finden würde, was ein Zeichen und eine Bestätigung dafür sein würde, dass dies tatsächlich eine prophetische Botschaft ist, die in dieser Zeit vom Himmel kommt. Wir beteten auch für seine Errettung.

David kommt also etwas später an, und als ich durch das Fenster meines Wohnzimmers schaue, sehe ich meinen Mann mit ihm und seiner Freundin draußen auf unserer Einfahrt interagieren. Ich kann das Gespräch nicht hören, aber ich sehe viel Hüpfen, Umarmen, Lächeln und Lachen. Ich frage mich, was da vor sich geht. Ich mache meine Hausarbeit weiter. Die Zeit vergeht, und ich merke, dass mein Mann noch eine ganze Weile bei ihnen draußen ist.

Schließlich kommt er völlig begeistert herein und sagt: "Du wirst nicht glauben, was passiert ist! Ich fragte hoffnungsvoll: "Hat David seine Schlüssel gefunden?" Er sagte: "JA!! Er hob den Kofferraum hoch, und die Schlüssel lagen direkt dort vor ihnen! Neulich Abend waren sie nicht da, als ich nachsah!" Ich sagte: "Ich weiß, die Engel brachten sie dorthin, um der Gemeinde Christi zu signalisieren und zu prophezeien, dass der Herr die Schlüssel der Regierung wieder in ihren Besitz gebracht hat. Sie hat ihren Platz und ihre Autorität wiedergefunden, das, was ihr gegeben wurde und für viele Generationen beiseitegelegt worden war, ist wiederhergestellt worden!"

Leute, ich kann nicht einmal ansatzweise den Grad der greifbaren Herrlichkeit Gottes beschreiben, die sich während dieses Gesprächs manifestierte. Mein Mann und ich setzten uns wortwörtlich in Ehrfurcht vor Gott und vor dem Wunder, wer Er ist, an den Tisch.

Die David-Regierung

Dann erzählte mir mein Mann, wie er mit David und seiner Freundin Geenie das Evangelium teilte. Er sagte ihm, dass es der Herr war, der ihm das Gefühl gab, einen "Stein in seinem Herzen zu haben, der nicht umgestoßen werden könnte", so dass er kommen und die gute Nachricht des Evangeliums hören würde. David erwähnte, dass er christliche Freunde in Singapur hatte, aber das Christentum nie verstanden hatte. Er nahm das Evangelium mit Freude auf und erlaubte meinem Mann, für ihn und seine Freundin zu beten. Beide erlebten kraftvoll die Gegenwart Gottes, und obwohl sie ihr Herz in diesem Moment nicht äußerlich durch Bekennen Jesus übergaben, wissen wir, dass der Herr diese Situation, in der er seine Schlüssel verloren und gefunden hatte, dazu benutzt hatte, sein eigenes Herz zu öffnen, um die gute Nachricht des Evangeliums zu hören, die die Frucht der Errettung bringen wird.

Der Herr hört nie auf, mich umzuhauen! Er ist so kreativ in der Art und Weise, wie Er Seine Geschichte erzählt und der Erde eine Botschaft überbringt. Dies ist die Zeit, in der die Gemeinde Christi die Autorität entdecken und aufdecken wird, die bereits gegeben wurde, die aber durch Religion, Tradition und die Partnerschaft des Menschen mit dämonischen Ideologien falsch gesetzt ist, um das Reich des Geistes zu erschließen, wie es Saul in seiner Begegnung mit der Hexe von Endor tat (1. Sam. 28). Es hat einen Weinschlauch des Hauses Sauls in der Regierung der Gemeinde Christi gegeben, der für das Verlegen der Schlüssel verantwortlich ist. Wie Saul, der alte König Israels, auch sie sind dafür verantwortlich, dass sie im Arm des Fleisches und nicht im Geist wandeln.

Denn die Regierung Davids prophezeit ein Königreich, das regiert, nicht durch Macht oder Kraft, sondern *durch Seinen Geist* (Sacharja 4:6).

Das Wort des Herrn bezüglich des Regierungswechsels kam zu mir.

"Jetzt! sagt der Herr, wird meine Gemeinde in der Regierung des Himmelreiches wandeln, denn der Schlüssel Davids zur Regierungsgewalt liegt in den Händen der neuen Ordnung. Denn auf eine solche Zeit habe ich gewartet. Ich habe auf die Zeit gewartet, in der ich einen Regierungswechsel

vom Haus Saul zum Haus David herbeiführen würde. Ich habe auf eine solche Zeit gewartet, dass der Weinschlauch erneuert wird und auf die Zeit, in der meine Davids, die in der Wildnis vorbereitet wurden, bereit sind, sich zu erheben und ihren Platz einzunehmen und ein Volk in der Regierung des Königreichs zu führen, und nicht die Regierung von Menschen!"

Wenn Sie sich an meine Geschichte richtig erinnern, manifestierte sich der Geist Gottes in der Nacht vor unserer Fürbitte unter anderem durch Geburtswehen in unserer Mitte. Dies bedeutete die Herausbildung der neuen Ordnung, den Regierungswechsel. Alle, die an diesem Abend anwesend waren, können dies bezeugen. Wie bereits erwähnt, prophezeie ich diese neue Regierung schon seit einigen Jahren, aber es gibt einen Unterschied, wenn man weiß, dass sie geboren wurde im Vergleich dazu, wenn sie deklariert wird. Die Schlüssel des Königreichs konnten erst nach der Geburt der neuen Ordnung wiederhergestellt werden, denn der Herr wollte der alten Ordnung die Schlüssel nicht geben.

Es ist kein Zufall, dass das Ereignis, bei dem die Schlüssel gefunden wurden, gleich am nächsten Tag nach der Fürbitte eintrat. Das ist es, was der Herr in Markus 16:20 über Zeichen und Wunder, die die Botschaft begleiten, spricht.

DIE DAVID-REGIERUNG ~ EINE APOSTOLISCHE REGIERUNG, DIE DIE GEMEINDE CHRISTI ZU SIEG UND EINHEIT FÜHRT

Die David-Regierung drückt das Gesicht des Löwen von Juda aus, und ist die apostolische Gemeinde Christi. Der Herr stellt in dieser Stunde die wahre apostolische Führung im Leib Christi wieder her, die sie in die Einheit und Reife des Glaubens hineinführen wird (Epheser 4). David vereinigte Israel unter einem König, und so wird diese apostolische Regierung die Gemeinde Christi in die Einheit des Glaubens bringen.

Neben der Rolle, den Leib Christi zu lehren, wie man Zugang zum Reich des Geistes erhält und vom Himmel aus regiert, spielen die Apostel in der Gemeinde Christi eine Vaterrolle. Eine der Rollen eines Vaters in einer irdischen Familie besteht darin, die Identität der Kinder zu bekräftigen. Angesichts des Mangels an apostolischer Leitung im Leib Christi haben wir erlebt, dass sich im geistlichen Leben der Gläubigen weiterhin eine verwaiste Denkweise manifestiert. Diese verwaiste Denkweise führt zu Konkurrenz und Rivalität und verhindert jede Möglichkeit einer wahren Einheit. Wahre Einheit ist kein Paradigma, bei dem wir uns alle in jedem Thema einig sind, sondern bei dem wir die Unterschiede der anderen ehren, wohl wissend, dass wir unvollständig sind, wenn nicht alle Glieder des Leibes erfolgreich funktionieren.

Wie Sie sich in Kapitel 6 erinnern, sprach der Herr sehr deutlich zu mir und sagte: *"Anita, wahre Einheit wird sich dort manifestieren, wo Sohnschaft demonstriert wird"*. Ich musste eine Weile darüber nachdenken, um zu verstehen, was Gott Vater damit meinte. Er sagte: *"Wenn du glaubst, du bist eine Waise, kannst du nicht wie ein Sohn handeln."*

Ein Sohn oder eine Tochter zu sein bedeutet zu wissen, wer man in Christus ist, und in seiner Identität bestätigt zu sein. Ein Waisenkind strebt ständig danach, seine Identität in anderen Dingen als in Christus zu finden. Das können ihre Gaben, Berufungen, Talente, Beziehungen, Karrieren, Geld usw. sein, die Liste ließe sich beliebig fortsetzen. Das Traurige daran ist, dass sich die Waisenhaltung im Leib Christi zu sehr verbreitet hat, weil eine echte apostolische Vaterschaft und Leitung auf breiter Front gefehlt hat. Führungspersonen mit einer verwaisten Denkweise legen Wert auf ihre Position, ihren Ruf, ihre Berufung, ihre Gunst und ihre Bestätigung durch Menschen, was wiederum dazu geführt hat, dass sie ihre Identität auf der Grundlage ihrer Erfolge oder Misserfolge oder der Meinung anderer schätzen. Das Problem ist, dass sie diese Mentalität an die Menschen, die sie führen, weitergeben, wodurch ein Wettbewerbsgeist der Rivalität und des Streits untereinander entsteht, anstatt zusammenzuarbeiten. Damit ist die Mission der Gemeinde Christi gescheitert.

Welche Mission hat die Gemeinde Christi, fragen Sie sich vielleicht. Nun, es geht darum, dass Jesus erhöht wird, damit alle Menschen zu Ihm hingezogen werden (Johannes 12:32). Das Problem bei einer Regierung mit einer verwaisten Denkweise, die den Leib Christi leitet, ist, dass sich der Fokus von Jesus auf sich selbst richtet. Es dreht sich alles um sie, weil sie in ihren Errungenschaften Erfüllung und Identität zu finden suchen, anstatt in der Person Christi. Sie erheben ihre Gemeinden, ihre Ämter und ihre eigenen Errungenschaften, anstatt den Namen Christi zu erheben, der das Zentrum des Ganzen ist. Dadurch entsteht das Ungeheuer einer Leistungskultur, die der perfekte Nährboden für einen religiösen Geist ist, dem es Freude bereitet, das äußere Erscheinungsbild und das Vertrauen auf die natürliche Kraft im Streben nach der Anerkennung des Menschen aufrechtzuerhalten. Bedauerlicherweise hält diese verwaiste Denkweise das Volk des Herrn als Kinder und geistlich verkümmert.

Sohnschaft ist das genaue Gegenteil. Wenn unsere Identität in Christus liegt und wir uns auf Seine Stärke verlassen und Ihm vertrauen, sind wir Seiner Autorität und Führung sowie Seiner offensichtlichen Demut unterworfen. *Demut ist das Kennzeichen des geistig Reiferen.*

Der Herr sagte einmal zu mir,

> *"Anita, Demut bedeutet zu wissen, wer du bist. Es ist nicht irgendein falsches Gefühl der Schwäche, sondern vielmehr eine klare Offenbarung dessen, wer du bist. Wenn du weißt, wer du bist, weißt du, wer du ohne Mich bist."*

Ich weiß, dass ich ohne Ihn ein aus der Gnade gefallener Sünder bin, dessen Rechtschaffenheit jenseits von Christus wie ein beflecktes Kleid war und immer sein wird. Es braucht Demut, um zu akzeptieren und zu wissen, dass ich geliebt werde, weil Er mich zuerst geliebt hat und nicht wegen irgendetwas, was ich tun oder sein kann. In meiner eigenen Gerechtigkeit kann ich nie gut genug sein. Ich bin gut genug, weil Er es ist. Wenn wir ständig nach Anerkennung, Akzeptanz,

Identität und Bestätigung streben, haben wir Seine Gerechtigkeit und Identität noch nicht angenommen. Unsere Identität finden wir in Christus.

Gehen wir nun zurück zu dem, was der Herr zu mir bezüglich der Einheit gesprochen hat. Die Einheit wird sich dort manifestieren, wo die Sohnschaft demonstriert wird. Und warum? Weil wir, wenn wir wissen, wer wir sind, uns nicht bemühen und mit unserem Nächsten konkurrieren müssen und auch nicht die Gemeinde oder das Lobpreisteam auf der Straße kopieren müssen, um dem Vater zu gefallen. Diese Dinge werden nur getan, um den Menschen zu gefallen. Wenn wir mit der Authentizität unseres individuellen Wesens, das unser Schöpfer uns gegeben hat, zufrieden sind, können wir die Authentizität und den Ausdruck des Himmels in unserem Gegenüber feiern. Auch wenn wir sehr verschieden sind, verstehen wir, dass wir einander brauchen, um das ganze Bild der Gemeinde Christi zu vervollständigen, die sich in ihrer wahren Identität und Bestimmung erhebt.

Von ihm aus vollbringt der ganze Leib, zusammengefügt und verbunden durch alle Gelenke, die einander Handreichung tun nach dem Maß der Leistungsfähigkeit jedes einzelnen Gliedes, das Wachstum des Leibes zur Auferbauung seiner selbst in Liebe (Epheser 4:16).

Ein anderes Wort für Einheit ist Harmonie. Zum Beispiel muss ein Orchester in völliger Harmonie mit jedem Instrument, das seine Rolle spielt, fließen, um das gesamte Musikstück erfolgreich auszuführen. Die Instrumente spielen nicht alle gleichzeitig. Einige klingen besser zusammen, während andere allein spielen. Das Stück wäre ruiniert, wenn das Cello plötzlich beschlösse, den Klavierpart zu spielen, und die Violinen sich für den Flötenpart entscheiden würden. Dies wird als Dissonanz oder mangelnde Übereinstimmung bezeichnet. Wenn es keine Übereinstimmung oder Dissonanz gibt, wird der Zweck oder das Gesamtziel gestört. Das Ziel wird abgebrochen, wenn wir aus der Reihe tanzen, wenn wir versuchen, jemand zu sein, der wir nicht oder noch nicht sind!

Manchmal gibt uns Gott ein Bild davon, wie wir in der Zukunft aussehen werden, und wir bemühen uns, es jetzt zu verwirklichen. Aber dann stehen wir in Dissonanz zu Gottes Plan für unser Leben und brechen den Plan ab oder verhindern, dass diese Zukunft Wirklichkeit wird. Der Schlüssel liegt darin, in Harmonie/Einigkeit/Übereinstimmung mit dem zu bleiben, was Gott jetzt tut, mit dem, was Er jetzt von uns erwartet. Er wird das Werk vollenden, das Er in uns begonnen hat, und uns zu dem machen, was wir sein sollten, solange wir uns an Sein Programm und Seinen Zeitplan halten (1. Petrus 5:10).

Wenn die Gemeinde Christi aus einer Haltung der Sohnschaft heraus agiert, erhält sie authentische, einzigartige Aufträge vom Himmel, und das Reich Gottes schreitet auf Erden voran. Aber wenn wir alle versuchen, uns nach einem weiteren erfolgreichen Dienst zu klonen, verpassen wir unseren Auftrag für das uns zugeteilte Stück im Königreich. Das enttäuscht den Leib als Ganzes, weil wir alle unsere individuellen Visionen erfüllen müssen.

Eine apostolische Regierung rüstet die Gemeinde Christi dafür aus, ihre Bestimmung zu erfüllen, indem sie ihre Identität in Christus bekräftigt. Eine Gemeinde unter einer apostolischen Regierung wird nicht nur verstehen, wer sie in Christus ist, sondern sie wird auch die Autorität des Reiches Gottes verstehen, die ihr zur Verfügung steht.

Eine solche Gemeinde Christi wird Träume träumen und die Verheißungen Gottes gebären, die mit natürlichen Mitteln unmöglich zu erreichen sind. Sie wird einzigartige Aufgaben innerhalb der sieben Berge der Gesellschaft erhalten, und wir werden sehen, wie die Nationen für Jesus eingenommen werden, wenn die Gemeinde Christi in die ganze Welt hinausgeht, um das Evangelium zu predigen und Jünger zu machen. Wir werden sehen, wie die Gemeinde wie nie zuvor voranschreitet, wenn diese apostolische David-Regierung in dieser Stunde ihren Platz im Leib Christi einnimmt.

DIE DAVID-REGIERUNG IST VOM GEIST GEFÜHRT ~ GEGENWARTZENTRIERTE LIEBHABER GOTTES

Das Hauptmerkmal einer David-Regierung ist die wahrhaftige Leidenschaft und der Vorrang der Intimität in der Gegenwart des Herrn. Jene Leiter, die der Herr im ganzen Leib Christi mit einem David-Mantel ins Amt bringt, werden die Intimität und das Streben nach Seiner Gegenwart wieder zur *höchsten Priorität* für die Gläubigen machen.

Im Mittelpunkt einer David-Regierung steht die Gegenwart Gottes. Wir sehen, dass David die Gegenwart Gottes suchte und sich an ihr erfreute, und selbst inmitten seiner vielen Unzulänglichkeiten sehnte er sich immer händeringend nach Seiner Gegenwart und suchte sie als lebenswichtige Notwendigkeit. David schrieb viele Psalmen, in denen er seine Leidenschaft und Liebe für die Gegenwart des Herrn und sein tiefes Verlangen, nie von ihr weggeworfen zu werden, offenbart (Psalm 42:2, Psalm 51:11, Psalm 84:10, Psalm 23:6).

David wurde wegen seines hingegebenen Strebens nach der Gegenwart des Herrn verfolgt, verspottet, verachtet und mit allerlei Verurteilungen und Eifersüchteleien betrogen, aber er positionierte sich trotzig mit der Haltung: "Es ist mir egal, weil ich ein Liebhaber Gottes bin". Dies ist ein Beispiel für das neue Regierungsherz. Er war König, eine Person in Autorität, aber auch ein Liebhaber Gottes.

Wenn diese Führungspersonen in ihre wahren Positionen kommen und ihr Herz auf Gottes Herz ausgerichtet haben, werden sie nach sich selbst ein Volk Gottes Liebhaber hervorbringen.

Eine auf die Gegenwart Gottes ausgerichtete Regierung bringt die Gemeinde Christi an einen Ort des Sieges, weil sie den Auftrag aus Jesaja 61 erfüllt, den Herrn zu verherrlichen. Sie verlässt sich auf den Geist Gottes und nicht auf die Werke und Rituale von Traditionen und Systemen.

Der Herr aber ist der Geist; und wo der Geist des Herrn ist, da ist Freiheit (2. Korinther 3:17).

Wo sich der Geist des Herrn manifestiert, da ist Freiheit. Schauen wir uns einmal an, wie diese Freiheit aussieht, die uns in Jesaja 61 erläutert wird.

Der Geist des Herrn, des Herrschers, ist auf mir, weil der Herr mich gesalbt hat, den Armen frohe Botschaft zu verkünden; er hat mich gesandt, zu verbinden, die zerbrochenen Herzens sind, den Gefangenen Befreiung zu verkünden und Öffnung des Kerkers den Gebundenen, um zu verkündigen das angenehme Jahr des Herrn und den Tag der Rache unseres Gottes, und um zu trösten alle Trauernden; um den Trauernden von Zion zu verleihen, dass ihnen Kopfschmuck statt Asche gegeben werde, Freudenöl statt Trauer und Feierkleider statt eines betrübten Geistes, dass sie genannt werden „Bäume der Gerechtigkeit", eine „Pflanzung des Herrn" zu seinem Ruhm (Jesaja 61:1-3).

WOW!!

Diese Dinge werden geschehen, wenn der Geist des Herrn auf der Gemeinde Christi ruht. Wo der Geist des Herrn ist, sehen wir, wie die Gemeinde Christi das Evangelium predigt, wie Herzen geheilt werden, Augen geöffnet werden, Menschen von dämonischen Festungen befreit werden, Trost über diejenigen ausgegossen wird, die Trauer erfahren haben, Freude wiederhergestellt wird, geplagte Leben neu gemacht werden, Depressionen aufgehoben werden, Lob- und Siegeslieder Veröffentlicht werden und Menschenleben in Christus etabliert werden, wodurch Sein Name Ehre erlangt! Kein Wunder, dass der Feind versucht hat, die Gemeinde Christi Religionsfokussiert zu halten, statt auf die Gegenwart Gottes konzentriert zu sein. Der Herr wird nur dann durch Sein Volk verherrlicht, wenn wir auf Seine Gegenwart konzentriert sind!

Mir gefällt Barbara Yodas Ansprache an die Führung im Leib Christi,

"Wir müssen aufhören, uns um die Bedürfnisse der Menschen zu sorgen, und uns darum bemühen, Gott zu lieben, denn wenn wir Ihn an die erste Stelle setzen, wird Er die Bedürfnisse der Menschen erfüllen."

Das trifft genau zu. Wenn wir uns weiterhin darauf konzentrieren, Gott und Seine Gegenwart zu lieben, wird Er die Bedürfnisse Seines Volkes erfüllen.

Es gibt einen Regierungswechsel im Haus Gottes von denen, die wie Saul gegen Gott sind, zu denen, die wie David "Liebhaber Gottes" sind. Es gibt eine Generation der "Liebhaber Gottes", die in dieser Stunde aufkommt. Die "Liebhaber Gottes" werden ihr eigenes Leben nicht einmal bis zum Tod lieben, weil sie Ihm dienen und Ihm von ganzem Herzen nachlaufen wollen. Eine David-Regierung wird den Überwinder hervorbringen.

Und sie haben ihn überwunden um des Blutes des Lammes und um des Wortes ihres Zeugnisses willen und haben ihr Leben nicht geliebt bis in den Tod! (Offenbarung 12:11).

Es hat seinen Preis, Gegenwartzentriert zu sein. Es wird Ihnen IHREN WEG kosten!

Leitungspersonen der David-Regierung geben sich Seinem Willen und Seinem Weg hin und werden um Seines Reiches willen jeden Preis bezahlen. Sie werden ihren Ruf aufgeben, selbst um den Preis, wie ein Narr dazustehen, damit die Gegenwart Gottes in und unter Seinem Volk offenbar wird. Das tat David, als er vor der Bundeslade tanzte, als diese nach Jerusalem zurückgebracht wurde. Dies ist ein wahrer Hirte mit dem Herzen Davids.

Von diesem Ort Seiner göttlichen Gegenwart aus wird eine David-Regierung sehen, wie die Gemeinde Christi vom Geist Gottes geführt wird, was die Manifestation der Söhne Gottes hervorbringen wird! (Römer 8:14)

INTIMITÄT UND GEGENWART ÜBER MACHT UND REPUTATION

Diese neue Ordnung basiert auf Beziehungen und Intimität und setzt den Sieg einer wahren Königreichsregierung frei.

Es muss einen bedeutenden Unterschied zwischen Saul und David gegeben haben, dass der Herr die Regierung von Saul übernahm und sie David gab, und dass David ein Mann nach Gottes eigenem Herzen genannt wurde.

Wie kann es sein, dass David ein Herz nach Gott hatte und Saul nicht? Hat David nicht mehr Fehler begangen als Saul? Der Unterschied war Davids reuevolles Herz. Saulus hingegen war starrköpfig und rebellisch und weigerte sich, sich zu ändern. Er versuchte, den Menschen zu gefallen und seinen eigenen egoistischen Bedürfnissen zu dienen, anstatt Gott zu dienen und Ihm zu gefallen. Wir sehen dies in 1. Samuel 13:1-23, wo Sauls große Missachtung vor der Ordnung Gottes zeigte und aus Furcht vor den Vorwürfen des Volkes gegen ihn, ein unrechtmäßiges Opfer brachte.

Ich freue mich über einen Beitrag auf worthychristianforums.com über Sauls reueloses Herz. Sie schreiben:

"Saul zeigte ein reueloses Herz, indem er zuerst so tat, als ob nichts falsch wäre. Als, Samuel ihn konfrontierte schob er die Schuld ab ("die Männer" wollten die Tiere behalten), dann rechtfertigte er seine Taten mit der Behauptung, der Ungehorsam sei um der Anbetung des Herrn willen geschehen! Mit anderen Worten: Saul tat nicht Buße, er bereute nur, dass er erwischt worden war."[1]

Nach einer Reihe von Ereignissen fiel schließlich das Haus Sauls und Davids Königreich wurde errichtet.

DIE SAUL-REGIERUNG IST FLEISCHLICH ~ EGOZENTRISCH, SELBSTVERLIEBT

Saul repräsentiert eine vom Menschen ernannte Regierung, die selbstsüchtig ist und in der Furcht vor dem Menschen handelt (1. Samuel 8, 1. Samuel 13).

Unter der Regierung des Fleisches (Sauls Haus) fördert die Leiterschaft: Religion, Tradition und von Menschen geschaffene Ideale und verweigern dem Volk des Herrn den Zugang zu Seiner Gegenwart. Wir haben im früheren Kapitel gesehen, dass während der gesamten Herrschaft Sauls die Bundeslade (Gegenwart Gottes) verborgen war. Sie war vor dem Volk verborgen.

> *Das aber sollst du wissen, dass in den letzten Tagen schlimme Zeiten eintreten werden. Denn die Menschen werden sich selbst lieben, geldgierig sein, prahlerisch, überheblich, Lästerer, den Eltern ungehorsam, undankbar, unheilig, lieblos, unversöhnlich, verleumderisch, unbeherrscht, gewalttätig, dem Guten feind, Verräter, leichtsinnig, aufgeblasen;* **sie lieben das Vergnügen mehr als Gott**; *dabei haben sie den äußeren Schein von Gottesfurcht, deren Kraft aber verleugnen sie (2. Timotheus 3:1-5 Betonung hinzugefügt).*

Saulus hatte eine Form der Frömmigkeit, aber er rebellierte und lehnte das Wort des Herrn ab. Aus diesem Grund sagte Samuel in 1. Samuel 15:23 zu ihm, dass Rebellion wie die Sünde der Zauberei sei. Er sagte nicht, dass Rebellion Zauberei sei, aber er sagte, es sei dasselbe *wie* Zauberei, was bedeutet, dass man einem anderen dient, und in den meisten Fällen ist es das *Selbst*. Diejenigen, die die Absichten des Menschen über die des Herrn stellen, sind Liebhaber des Selbst und nicht Liebhaber Gottes.

In Galater 5:19-20 wird die Zauberei als eines der Werke des Fleisches aufgeführt. Im Wesentlichen steht sie für eine Erhöhung und ein Dienst am Willen und der Agenda des Menschen und nicht an Gottes Willen.

In Römer 8:6-8 heißt es dazu:

> *Denn das Trachten des Fleisches ist Tod, das Trachten des Geistes aber Leben und Frieden, weil nämlich das Trachten des Fleisches* **Feindschaft gegen Gott** *ist; denn es unterwirft sich dem Gesetz Gottes nicht, und kann es auch nicht; und die im Fleisch sind, können Gott nicht gefallen (Betonung hinzugefügt).*

Wir sehen hier also, dass diejenigen, die dem Bereich des Verstandes und der Vernunft folgen, sich tatsächlich gegen den Herrn stellen. Wie Saul stehen sie bedauerlicherweise in der Rebellion gegen Gott. Ein Leben, das ohne die Führung des Heiligen Geistes ist, wird automatisch in Rebellion gegen Gott sein. Denn eine solche Person sucht eher das Fleisch als den Geist Gottes zu befriedigen, was für den Herrn nicht akzeptabel ist.

Sauls Königreich wurde ihm, wie von Samuel prophezeit, wegen seines Ungehorsams und seiner Bereitschaft, die Menschen zu fürchten und seinen eigenen Ruf zu bewahren, anstatt Gott zu fürchten und Seinen Geboten zu gehorchen, entrissen.

Arroganz und Stolz drangen in Sauls Herz, und ihm war es wichtiger, seinen Ruf zu schützen als den Willen des Herrn zu erfüllen. Er täuschte sich, als er dachte, er sei über jeden Tadel und jede Korrektur erhaben. Jakobus 4:6 sagt:

"Gott widersteht den Hochmütigen; den Demütigen aber gibt er Gnade"

Gott widersetzte sich Saul, nahm seine Salbung von ihm und gab sie David.

GEGENWARTSZENTRIERT ZU SEIN BEDEUTET, ANBETUNGSZENTRIERT ZU SEIN

Wie wir alle wissen, ist die Anbetung eines der wichtigsten Kennzeichen von Davids Leben und ein prägender Faktor für seinen Stil einer *auf Gottes Gegenwart ausgerichteten* Regierung. Wer eine auf die Gegenwart Gottes ausgerichtete Regierung anstrebt, wird keinen Schritt vorwärts machen können, ohne dass die Anbetung im Mittelpunkt steht. Nach den Psalmen Davids geht der Weg in die Gegenwart des Herrn durch Danksagung, Lobpreis und Anbetung (Psalm 100:4; Psalm 22: 4).

Anbetung im Geist und in der Wahrheit ~ Ein neuer Ausdruck der Anbetung, die den Himmel erschließt

*Aber die Stunde kommt und ist schon da, wo die wahren Anbeter den Vater im Geist und in der Wahrheit anbeten werden; denn der Vater sucht solche Anbeter. Gott ist Geist, und die ihn anbeten, **müssen** ihn im Geist und in der Wahrheit anbeten (Johannes 4:23-24 Betonung hinzugefügt).*

Die Reiche des Himmels stehen uns zur Verfügung, wenn wir unsere Performanz orientierte Anbetung hinter uns lassen und einen Ort der vom Geist geleiteten Anbetung betreten. Dieser Vers sagt deutlich: *"Gott ist Geist, und diejenigen, die ihn anbeten, müssen ihn im Geist und in der Wahrheit anbeten"*. Der Herr skizziert uns Seinen Weg, *wie* wir Ihn anbeten können.

DER RÄCHER

Lobpreis im "Geist" und in der "Wahrheit" bedeutet eigentlich, "durch" den Geist von einem "echten" Ort aus anzubeten. Es bedeutet nicht nur, in unserer himmlischen Sprache anzubeten, was ein Aspekt der Anbetung im Geist ist, der uns in ein Reich der Erschließung von Geheimnissen und Reichen der Herrlichkeit führt. Darauf werden wir gleich zu sprechen kommen.

Aber "durch" den Geist anzubeten bedeutet auch, von Ihm in unseren Lobpreis-Sets geführt zu werden, obwohl wir eine festgelegte Liederset-Liste haben. Wir übergeben die Herrschaft dem Heiligen Geist und sagen: "Herr, es geht nach Deinem Willen, wie Du heute angebetet werden willst". Als Lobpreisleiter bin ich mir bewusst, dass Lieder geplant werden müssen, aber wir müssen dem Heiligen Geist auch erlauben, diese gesetzte Liste nach Seinem Willen zu leiten. In Sprüche 16:9 heißt es:

Das Herz des Menschen denkt sich seinen Weg aus, aber der Herr lenkt seine Schritte.

Diese Schriftstelle ist mein Anker, wenn es um die Leitung von Anbetung geht. Ich plane meinen Weg im Gebet, indem ich mich vom Heiligen Geist leiten lasse, aber während der Anbetung übergebe ich die Leitung an den Heiligen Geist, Dem ich als mein Dirigent folge.

Manchmal landet Er auf einem Lied und lässt uns dieses Lied prophetisch absingen, bevor wir zum nächsten gehen. Zu anderen Zeiten landet Er auf dem ersten Lied und wir heben im Geist ab und gehen nicht über zu den restlichen Liedern auf der Liste.

Die geistgeführte Anbetung ist der erste Schritt zur Anbetung im Geist. Das Problem mit dieser Art der Anbetung, bei der es übrigens darum geht, wie der Herr sagt, dass wir Ihn anbeten müssen, ist, dass sie unsere Zeitpläne und Zeitrahmen für den Anbetungsteil des Gottesdienstes beeinträchtigt.

Genau das hier ist das größte Problem, warum die Gegenwart Gottes nicht in unseren gemeinsamen Versammlungen fließt. Wir haben Einschränkungen in der Anbetung, und wir folgen nicht dem Auftrag des Herrn, wie Er von uns verlangt, Ihn anzubeten.

Johannes 4:23-24 sagt nicht, dass wir Ihn mit perfekten, professionellen Liedern oder Nebelmaschinen und Discolichtern anbeten sollen. Bitte hören Sie mein Herz, ich sage nicht, wenn Sie diese Dinge haben, dass Ihre Anbetung nicht gesalbt ist. Ich versuche lediglich, den Leser zu provozieren, die Grundlage, das Vertrauen und den Ort, von dem aus Gott verehrt wird, kritisch zu überprüfen. Verlassen wir uns auf Professionalität oder verlassen wir uns auf die Führung des Heiligen Geistes? Der Heilige Geist weiß, wie Er angebetet werden möchte, deshalb müssen wir uns Seiner Führung hingeben, und so wie wir uns Seiner Führung hingeben, werden wir das Volk Gottes durch Geist und Wahrheit in die Gegenwart Gottes führen.

Die Frage, die Lobpreisleiter und Lobpreisteams sich selbst stellen müssen, lautet: Wem wollen wir gefallen? Gott oder den Menschen? Wen versuchen wir in der Anbetung zu beeindrucken? Gott oder den Menschen? Lobpreis sollte nicht als Mittel zur Aufführung und Zurschaustellung einer Show benutzt werden, sondern stattdessen den Herzenswunsch ausdrücken, dem König zu begegnen.

Der zweite Aspekt der Anbetung, den der Herr nach Johannes 4:24 verlangt, ist die Anbetung in "Wahrheit". Wahrheit bedeutet Wirklichkeit, oder mit anderen Worten, authentische Anbetung aus einem aufrichtigen Herzen, um einfach Sein Gesicht zu suchen und Ihn zu erkennen. Dann wenn es keine verborgenen Absichten noch selbstfördernde Motive oder Ambitionen gibt. Es ist kein vorgetragener, plastischer Ort der Unterhaltung. Die Menschen können zu einem Konzert oder in die Kneipe am Ende der Straße gehen, wenn sie unterhalten werden wollen. Die Anbetung ist der Zugangspunkt zur Gegenwart Gottes und muss als solcher behandelt werden. Der Herr liebt echte authentische Anbetung, es ist für Ihn eine Einladung, die Er gerne annimmt und sich Seinem Gegenüber zeigt. Ich habe gesehen, wie die Gegenwart des Herrn in Macht und Herrlichkeit gefallen ist, wo es nur einen Lobpreisleiter mit einer Gitarre gab. Keine Band, keine Lichter, nicht einmal eine Tonanlage, nur ein Herz, das in Liebe und Anbetung für den Vater positioniert war.

Deshalb musste Jesus in Johannes 4:23-24 darlegen, wie der Vater angebetet werden möchte. Solche Anbetung muss von einem Ort des reinen, unbefleckten Ausdrucks kommen, der den Herrn und den Herrn allein zu verherrlichen sucht. Nicht, um die Aufmerksamkeit auf sich selbst zu lenken oder zum Lob des Menschen aufzutreten und anzugeben. Das ist nicht die Art von Anbetung, die der Herr verlangt oder gar wünscht.

Nun möchte ich den zweiten Schritt zur Anbetung im Geist erläutern, der die Kraft enthält, den Himmel auf eine Weise zu öffnen, die wir noch nicht erlebt haben.

Vor einigen Jahren hatte ich eine Vision von gemeinsamer Anbetung. Ich sah die Heiligen gemeinsam im Geist mit einem Herzen und einem Verstand anbeten. Ich meine, sie beten den Vater in ihrer himmlischen Sprache (Zungenrede) an. Als sich die gemeinsame Anbetung von einer natürlichen Sprache in die himmlische Sprache verlagerte, begann ein "Ziehen" zu geschehen. Durch das "Ziehen am Himmel" öffnete sich ein himmlisches Tor und als die Anbetung in Zungen aufstieg, sah ich die Geheimnisse des Himmels herabkommen. Die Mysterien, die entschlüsselt wurden, sind die, die für diese bestimmte Versammlung benötigt wurden. Und die Mysterien wurden jedem Einzelnen, der zu dieser Zeit an diesem Ort versammelt war, mitgeteilt. Während jeder Mensch in seiner himmlischen Sprache betete, schloss er sein eigenes Herz auf und trat in eine Freiheit ein, die er vorher nicht gekannt hatte. Es war wirklich eine Gemeinschaft von Geist zu Geist und ein ungehinderter Fluss, als die Anbetung aufstieg und die Geheimnisse herunterkamen. Antworten, Offenbarungen, Begegnungen, Wunder aller Art fanden statt, als die Anbetung im Geist eine Atmosphäre der Intimität, der Freiheit und des Sieges schuf. Als die Geheimnisse freigesetzt wurden, war es wirklich so, als ob man den Himmel anzapfen und auf die Erde bringen würde.

Mit dem Arm des Fleisches kann man den Himmel nicht aufschließen.

Ich habe gesehen, wie begrenzt die natürliche Anbetung ist (auch wenn sie Zugang zu einem Reich der Herrlichkeit hat), aber das allein wird in diesen Tagen nicht ausreichen. Wenn wir in unserer himmlischen Sprache anbeten, geschieht es Geist zu Geist, denn Gott ist Geist, und Johannes 4 sagt, Er *verlangt von uns*, Ihn von Geist zu Geist anzubeten. Unsere eigenen Bemühungen, unser Streben oder unsere Professionalität werden nicht ausreichen, um die Bereiche des Himmels zu erreichen und zu erschließen, die für die *Demonstration* des Reiches Gottes in dieser Zeit erforderlich sind.

Die größere Herrlichkeit

Die Reiche der Herrlichkeit und des Himmels, die der Herr in diesen Tagen freizusetzen wünscht, erfordern einen größeren Zugang zu den Geheimnissen des Himmels, damit Sein Königreich in größeren Dimensionen als je zuvor kommen kann.

Es gibt eine größere Herrlichkeit, die auf der Erde erschlossen und freigesetzt werden muss, und wenn wir Ihn im Geist (in unserer himmlischen Sprache) in unseren Zusammenkünften einvernehmlich anbeten, werden wir den Himmel in unserer Mitte explodieren sehen.

Auch hier besteht das Problem, vor dem die Gemeinde Christi mit diesem besonderen Ausdruck der Anbetung steht, darin, dass sie unsere Systeme, Strukturen und unser Anliegen, den Menschen zu gefallen, in Frage stellt. Die Menschen müssen nur den Weg des Herrn gelehrt bekommen, und sie werden in die Anbetung im Geist eintreten. Das Problem ist, dass sie so sehr an Unterhaltung und das 30-minütige Lied-Set gewöhnt sind, dass alles, was über diesen Zeitrahmen hinausgeht, zu lang wäre.

Lassen Sie mich Ihnen sagen, wenn Sie eine Kultur der geistgeleiteten Anbetung umsetzen (was derzeit gegen die meisten kirchlichen Anbetungskulturen verstößt), werden die Menschen nicht zu einer formelhaften Anbetung zurückkehren können. Warum? Weil sie in der Lage sind, durch geistgeführte Anbetung auf die Gegenwart des Herrn in einer Weise zuzugreifen, wie es in der formelhaften Anbetung nicht möglich ist.

Die geistgeleitete Anbetung wird ein wesentliches Kennzeichen dieser entstehenden David-Regierung sein.

FURCHTLOSER MUT KENNZEICHNET DIE DAVID-FÜHRUNG, DIE DIE STIMME VON GOLIATH ZUM SCHWEIGEN BRINGT

David hatte den Mut, sich einem Riesen zu stellen, der eine der fähigsten Armeen seiner Zeit einschüchterte. Einem Riesen ohne einer Rüstung gegenüber zu stehen und furchtlos zu fragen: "Wer möchte sich gegen die Armeen Gottes auflehnen?" würde man meinen, er sei entweder verrückt oder extrem tapfer und voller Mut. Um ein Herz nach Gott zu haben, ist Mut ein wesentlicher Bestandteil, und es ist unerlässlich, im Glauben zu wandeln. Es braucht keinen Mut, um im Status quo von Religion und Tradition oder in Komfortzonen zu bleiben. Es braucht Mut, Gott zu gehorchen und dem Herrn Seinen Willen zu lassen.

David konnte überwinden, weil er von Gott abhängig war!

Eine eigennützige Regierung wird die Menschen nicht zum Sieg führen. Sie wird bei den ersten Anzeichen von Verfolgung Kompromisse eingehen und sich der politischen Korrektheit beugen.

Um Goliath, dessen Spott den Fortschritt von Gottes Volk eingeschüchtert und gelähmt hat, entgegenzutreten, braucht es furchtlosen Mut (den eine eigennützige Regierung nicht hat).

Sie können Ihren Ruf nicht schützen oder ein Sklave der Meinungen/ Urteile derer in Sauls Haus sein, wenn Sie wirklich Mut besitzen.

Die wahren aufstrebenden Sieger, sind diejenigen, die ihrem Ruf gestorben sind. Sie werden wirklich eine Stimme sein, die die Nationen erschüttern, wenn sie durch das Wort ihres Zeugnisses von der Kraft des Kreuzes "Zeugnis" ablegen.

Die Feuer der Verfolgung werden ihnen keinen Schaden zufügen oder sie behindern, weil sie im Feuer des Herrn vorbereitet wurden. Sie sind durch die Hand des Herrn gedroschen und geformt, beschnitten und vorbereitet worden.

Es gibt Menschen im Leib Christi, die händeringend nach geistgeleiteter Führung suchen. Sie haben genug von toten Religionen und Ritualen. Sie haben es satt, Gemeinde in Sauls Haus zu spielen und sehnen sich danach, an Gottes Thron anzubeten. Sie wollen eine Führung, die sie zum Sieg führt.

Die Davids werden aus den Kammern der Intimität herauskommen, ihren Gott kennen und mächtige Heldentaten vollbringen. Von diesem Ort der Intimität aus werden sie vor den Feinden des Volkes Gottes aufstehen und verkünden: "Wer wird den Armeen des lebendigen Gottes trotzen?"

Diese aufstrebende David-Regierung wird eine Armee furchtloser Krieger aufstellen, die den Himmel mit Gewalt einnehmen wird. Sie werden mit den Streitwagen wie Elias laufen, und die Beschleunigung Gottes wird auf ihnen lasten, während sie durch den Wind des Geistes laufen.

Diese Führung wird die Gemeinde Christi in den neuen Weinschlauch bringen, der eher aufopfernd als selbstsüchtig ist. Von dieser Herzensposition aus wird das Volk des Herrn wirklich in der Lage sein, Verfolgungen zu überwinden.

DER KLANG DES LÖWEN ~ DER KLANG DES SIEGES

Es gibt einen Klang des Sieges, der vom Volk Gottes durchdringen wird, wenn der Herr diese neue Regierung Davids hervorbringt.

> *Und einer von den Ältesten spricht zu mir; Weine nicht! Siehe, es hat **überwunden und erobert** der Löwe, der aus dem Stamm Juda ist, die Wurzel Davids, um das Buch zu öffnen und seine sieben Siegel zu brechen! (Offenbarung 5:5 Betonung hinzugefügt)*

Wir sehen hier in dieser Schrift, dass unser eigener Messias, Jeshua, der Löwe aus dem Stamm Juda, der triumphiert hat, aus der *Wurzel* Davids stammt. Dies ist der Schlüssel zum Verständnis der Bedeutung der entstehenden Königreichsregierung, die in dieser Stunde im Leib Christi errichtet wird.

In Kapitel 1 haben wir bemerkt, dass der Herr sagte: Er gibt Seiner Gemeinde die Schlüssel (den Schlüssel Davids), um zu regieren und den Himmel auf die Erde zu bringen.

> *Ich will ihm auch den Schlüssel des Hauses Davids auf seine Schulter legen, sodass, wenn er öffnet, niemand zuschließen kann, und wenn er zuschließt, niemand öffnen kann (Jesaja 22:22)*

Wenn die Gemeinde Christi nicht in einer David-Regierungsordnung (des Heiligen Geistes) handelt, sondern immer noch unter einer Saul-Ordnung (des Fleisches, des Verstandes und der Vernunft), werden sie keinen Zugang zu diesen Schlüsseln der Autorität haben.

Wie bereits erläutert, stehen Schlüssel für Zugang, Eigentum und Autorität. Der Herr hat Seiner Gemeinde die Schlüssel des Davidreiches, des ewigen

Reiches des Messias, gegeben, damit sie im Sieg wandeln kann.

Die Einsetzung der Regierung des David-Königreichs durch die Gemeinde Christi (Seine Erlösten) wird der offenkundige Beweis dafür sein, dass der König der Herrlichkeit einzieht! Und diese Königreichsregierung wird den Weg für den Rächer bahnen, den König der Herrlichkeit, der hier auf Erden in Sieg, Gerechtigkeit und Macht regieren wird.

Kapitel 9

DIE REGIERUNG VON ESTER

Um Verwirrung zu vermeiden, möchte ich dieses Kapitel voranstellen: Die Regierung von Ester und die in diesem Kapitel erwähnten metaphorischen Hinweise auf Ester sind keineswegs nur Frauen vorbehalten. Dies ist eine Botschaft an den *ganzen* Leib Christi, und die Merkmale der Regierung von Ester sollen sowohl bei Männern als auch bei Frauen zur Geltung kommen.

VIEL GEGEBEN, VIEL VERLANGT

Man könnte sagen, dass Königin Vasti viel gegeben wurde. Sie hatte ihre privaten königlichen Wohnräume, ihr eigenes Gefolge von Dienern und Mägden. Sie hatte Zugang zu den teuersten Verschönerungsölen und Parfüms ihrer Zeit, ganz zu schweigen von ihrer Garderobe! Sie wäre den Top-Designer-Kleidern von heute gleichwertig gewesen, und vergessen wir nicht für einen Moment das schöne Glitzern kostbarer Juwelen und Diamanten, mit denen sie sich täglich zu schmücken gewohnt gewesen wäre. Sie hatte ein sehr buntes soziales Leben denn, wie Sie sich erinnern würden gab sie eine

Party zur Unterhaltung ihrer Freunde, als der König nach ihr rief. Sie brauchte keinen Finger zu rühren, und nun ja, wenn ich es so sagen darf, wäre ihr Leben sehr selbstgefällig gewesen. Anscheinend respektierte oder schätzte sie die Ehre ihres Amtes und die Reichtümer, die ihr zuteil wurden - sagen wir, die Vergünstigungen, die damit verbunden waren, Königin zu sein - nicht. Sie war sich offenbar nicht bewusst oder erinnerte sich nicht daran, dass dieses prestigeträchtige Amt der Königin von Persien und die Reichtümer, die mit dem Titel einhergingen, eine große und gewichtige Anforderung mit sich brachten. Es war nämlich so, dass die Königin dem König gehörte, und der König verlangte ihren Gehorsam. An diesem besonderen Tag verlangte er von ihr, ihre *Schönheit* zur Schau zu stellen (Ester 1).

Der Name Vasti bedeutet "schön" und, sie war sehr schön. In dieser Zeit in Persien sollte die Schönheit der Königin die Majestät des Königs und seines Königreichs widerspiegeln. Indem der König seine schöne Königin aufforderte, zu kommen und ihre Schönheit vor den Gästen des Festes zur Schau zu stellen, zeigte er im Wesentlichen seinen wertvollsten Besitz, seine Königin, das *Herz* seines majestätischen Königreichs. Doch ihre hartnäckige und trotzige Weigerung, seiner Bitte nachzukommen und vor seinen Gästen zu erscheinen, riss seine Ehre als Ehemann und König nieder und war eine sehr demütigende Ohrfeige vor seinem Königreich. Ihr wurde viel gegeben, aber sie erfüllte nicht ihr "viel Verlangtes".

Bevor Sie dies nun als eine sehr harte und respektlose Bitte beurteilen, müssen Sie verstehen, dass Königin Vasti sich ihrer Anforderungen als Königin sehr bewusst war, bevor sie den König heiratete. Sie kannte die rechtlichen und kulturellen Erwartungen an ihre Position, aber sie zeigte eine sehr unabhängige, egozentrische und ich wage sogar zu behaupten, stolze Haltung gegenüber dem König und dem Königreich. Warum sage ich hochmütig? Weil das Wesen des Stolzes darin besteht, sich selbst wichtiger zu nehmen, als man sollte. Er besteht darin, dass man seine Position und die Anforderungen, die sie an einen stellt, vergisst. Stolz hat einen egozentrischen Schild und eine egozentrische Motivation. Königin Vasti verlor ihre wahre Position als Königin aus den Augen, und indem sie den Befehl des Königs verweigerte, stellte sie sich selbst über ihn. Diese Trotzreaktion beraubte sie ihrer Krone, um zu verhindern, dass ihr Ungehorsam als ein für die Frauen Persiens akzeptables Beispiel angesehen wird, was Umwälzungen in Haushalten im ganzen Land zur Folge hätte.

> *Da sprach Memuchan vor dem König und den Fürsten: „Die Königin Vasti hat sich nicht nur an dem König vergangen, sondern auch an allen Fürsten und an allen Völkern, die in allen Provinzen des Königs Ahasveros leben. Denn das Verhalten der Königin wird allen Frauen bekannt werden, sodass ihre Männer in ihren Augen verächtlich werden, da es heißen wird: Der König Ahasveros befahl, dass die Königin Vasti vor ihn kommen sollte, aber sie kam nicht! Das werden die Fürstinnen der Perser und Meder heute schon allen Fürsten des Königs erzählen, wenn sie von dem Verhalten der Königin hören, und daraus wird schon genug Verachtung und Verdruss entstehen (Ester 1:16-18)*

Aus der Reihe zu tanzen verursacht Chaos. Ordnung wird gewahrt, wenn Position aufrechterhalten bleibt. Wir sehen hier, dass Vasti nicht nur dem König, sondern auch allen anderen im Königreich Unrecht getan hatte. Ihr Beispiel der Rebellion würde direkt zu einer Rebellion in den Häusern im ganzen Königreich führen. Das gleiche gilt für die Gemeinde Christi. Diejenigen, die Führungspositionen innehaben, setzen ein Beispiel für Gottesfurcht im Haus Gottes. Wenn sich die Führung in Rebellion befindet, fließt die Rebellion vom Kopf abwärts.

Dem König wurde geraten, sie, um des Königreichs willen ihrer Krone zu entreißen, und ihre Position jemandem übertragen, der "besser" war als sie.

> *Wenn es dem König gefällt, so soll ein königlicher Befehl von ihm ergehen und aufgezeichnet werden unter die Gesetze der Perser und Meder, damit er nicht bloß vorübergehend gilt: dass Vasti nicht mehr vor dem König Ahasveros erscheinen*

darf und dass der König ihre königliche Würde einer anderen gibt, die besser ist als sie (Ester 1:19).

Und so war es, sie wurde von ihrem Posten entfernt und durch eine andere ersetzt, die besser war als sie.

In Kapitel 2 des Buches Ester lesen wir, dass es dem König hinterher Leid tat, dass er Vasti fortgeschickt hatte. Dies ist ein prophetisches Bild des Herzens des Herrn. Der Herr will die Menschen nicht entfernen, aber Er will, dass sie sich beugen, Ihm gehorchen und sich mit Ihm bewegen. Er will Seine Herrlichkeit durch sie zeigen und sie mit Seiner Gunst und Majestät belohnen. Aber um Seines Volkes und Seines Reiches willen kann Er nicht zulassen, dass Rebellion herrscht. Vasti war in Rebellion. Diejenigen, die ablehnen und sich dagegen wehren, wie Gott sich bewegen will und Dinge außerhalb Seiner Führung und Seiner Wege tun, befinden sich bedauerlicherweise in Rebellion.

DIE VASTI-REGIERUNG ~ EIN UNABHÄNGIGER UND REBELLISCHER GEIST

1. Samuel 15:23 sagt: *"Ungehorsam ist [wie] die Sünde der Wahrsagerei"* und in Galater 5:20 wird die Zauberei als ein Werk des Fleisches aufgeführt. Diejenigen, die sich gegen die Bewegung und die Berührung Gottes auflehnen/ sich dagegen wehren, geben tatsächlich dem Fleisch nach und sind daher nicht befugt, die Frucht des Heiligen Geistes hervorzubringen, was wiederum wie die unten stehende Schrift umreißt, die Erbschaft des Königreichs verhindert.

Offenbar sind aber die Werke des Fleisches, welche sind: Ehebruch, Unzucht, Unreinheit, Zügellosigkeit; Götzendienst, Zauberei, Feindschaft, Streit, Eifersucht, Zorn, Selbstsucht, Zwietracht, Parteiungen, Neid, Mord, Trunkenheit, Gelage und dergleichen, wovon ich euch voraussage, wie ich schon zuvor gesagt habe, dass die welche solche Dinge tun, das

Reich Gottes nicht erben werden. Die Frucht des Geistes aber ist Liebe, Freude, Friede, Langmut, Freundlichkeit, Güte, Treue, Sanftmut, Selbstbeherrschung. Gegen solche Dinge gibt es kein Gesetz (Galater 5:19-23).

Der Herr wünscht, dass Sein Leib, Seine Gemeinde, die Frucht des Heiligen Geistes hervorbringt und zur Schau stellt, welche das Diktat dieses natürlichen Reiches übergeordnet steht. Wodurch Sie Frieden inmitten eines Sturms, Freude inmitten von Aufruhr, Geduld in großen Konflikten, Glauben in schlimmen Umständen und Liebe zu Ihren Feinden haben können.

Seine Frucht ist Seine Schönheit, aber wenn wir von der Quelle der Frucht - dem Heiligen Geist - getrennt sind, dann ist die einzige andere Frucht, die am Wirken ist und sich zeigen wird, die Frucht des Fleisches.

Ein rebellischer und unabhängiger Geist wird durch Fleischeslust genährt. Die Wirkungsstätte dieses Geistes ist der Bereich des Verstandes und der Vernunft, und wenn er tätig ist, drehen sich seine Ziele und Aufgaben daher um diesen Bereich. Er konzentriert sich auf das, was dem Fleisch appetitlich ist. Er geht der Frage nach: "Was verherrlicht mein Fleisch und seine Sinne?" Wir müssen begreifen, dass alles, was versucht, den Menschen und seine Bedürfnisse über die Bedürfnisse des Heiligen Geistes zu erheben, nicht von Gott geboren ist. Was immer uns veranlasst, die Bedürfnisse des Heiligen Geistes zu kompromittieren, ist ein Feind Gottes.

Wisst ihr nicht, dass die Freundschaft mit der Welt Feindschaft gegen Gott ist? Wer also ein Freund der Welt sein will, der macht sich zum Feind Gottes! (Jakobus 4:4b)

Sucher- und weltfreundliche Gemeinden gehen zur Erfüllung ihres Ziels Kompromisse ein. Dadurch schließen sie den Heiligen Geist aus, lehnen Ihn ab oder Grenzen Ihn in Seinem Wirken ein, was dazu führt, dass sie sich selbst zum Feindbild Gottes positionieren.

Wer Gott liebt, stellt Gott und Sein Wohlgefallen an die erste Stelle, koste es, was es wolle. Und ja, es hat seinen Preis, Ihm an erster Stelle zu gefallen. Die Frage ist, welchen Preis sind Sie bereit zu zahlen? Es könnte Sie Ihre Bequemlichkeit, Ihren Ruf, Ihre Finanzen ... *Ihren eigenen Weg* kosten. Es könnte Sie Ihr Leben kosten!

Als Jesus in Matthäus 16:24 sagte: "Wenn jemand mir nachkommen will, so verleugne er sich selbst und nehme sein Kreuz auf sich und folge Mir nach!", sagte Er im Wesentlichen: "Wenn du mein wahrer Jünger sein willst, dann musst du dein Leben für *Meine* Sache hingeben".

Seine Sache ist, was immer die göttliche Bestimmung mit sich bringt. Sein Weg, Sein Wille.

SEIN WEG IST AN SEINEN WILLEN GEBUNDEN

Das Verständnis, dass Gott einen "Weg" hat, Seinen "Willen" auszuführen, ist für unseren Weg mit dem Herrn von wesentlicher Bedeutung. Ich saß in einem Flugzeug nach Singapur und bereitete mein Herz auf eine Reihe von Treffen vor, die ich auf einer prophetischen Konferenz abhalten wollte, als ich zu beten begann: "Herr, ich bete, dass Dein Wille in diesen nächsten Tagen geschieht ..... usw.", und dann unterbrach der Heilige Geist meine edelsten Gebete und warf eine, wie ich glaube, rhetorische Frage ein. Er sagte,

*"Das klingt alles schön, edel und sicherlich spirituell Anita, aber die Frage, die ich an dich habe, lautet: Willst du Meinen **Weg**?"*

Dann fuhr Er fort,

"Viele Menschen wünschen sich Meinen Willen, sie wollen das segensreiche Ergebnis in ihrem Leben und im Leben

anderer, denn Mein Wille ist immer gut und nicht böse, aber nicht jeder will die Art und Weise, wie Ich Meinen Willen ausführe. Hier kann Mein Volk "Meinen Weg" als einen Stolperstein für seinen natürlichen Verstand finden. Mein Weg ist so gestaltet, dass sie Meinen Willen in ihrem Leben nicht in ihrer eigenen Fähigkeit ausführen können, denn Meine Wege sind höher als ihre Wege und Meine Gedanken höher als ihre Gedanken". (Jesaja 55:9).

Nun, das hat mich total verblüfft auf meinem Platz sitzen lassen. Er fuhr in Seiner Erklärung fort und sprach zu mir über Jesus und Seinen Auftrag hier auf Erden als das Opferlamm für die ganze Menschheit. Mir ging die Geschichte von Jesus, wie Er Sein letztes Gebet im Garten Gethsemane betete, um sich auf Seine Kreuzigung vorzubereiten, durch den Kopf (Lukas 22). Jesus war sich Seiner Rolle bei der Erfüllung des Willens Gottes durch die Erlösung der Menschheit und die Versöhnung, der durch den Hochverrat Adams im Garten Eden verursachten Bresche, voll bewusst. Dies war der Wille Gottes, ein höchst triumphierendes und glorreiches Ergebnis, aber für einen Moment schien der "Weg" so stark auf Ihn zu drücken, dass Er Blut schwitzte und ein Gebet sprach, von dem Er sofort Abstand nahm.

Vater, wenn du diesen Kelch [auf diesem Weg] von mir nehmen willst – doch nicht mein, sondern dein Wille geschehe! (Lukas 22:42 Erläuterung hinzugefügt).

Im Wesentlichen bat Er den Vater, nicht darum Seinen Willen zunichte zu machen, da es Jesu Herz war, die ganze Menschheit erlöst zu sehen, aber es war für einen Moment, eine Bitte, dass es vielleicht auch *anders* geht. Er tut dann sofort von dieser Bitte ab und sagt: "Aber nicht mein Wille, sondern Dein Wille geschehe". Sie sehen, man kann nicht Gottes Willen haben, ohne Seinen Weg zu gehen. In Seinem Opfer hat Jesus nicht nur Gottes Willen nachgegeben, sondern Er hat sich bei der Erfüllung Seines Willens, Gottes Weg gebeugt.

Alle rufen nach "Erweckung" oder nach "Wundern" und der ehrfurchtgebietenden Demonstration von Gottes Macht. Aber, liebe Brüder, das ist nur denen vorbehalten, die Seinem Ruf folgen und auf *Seine* Stimme antworten und ihr gehorchen. Dies ist denen vorbehalten, die Seinen Weg zusammen mit Seinem Willen annehmen werden.

Was wäre, wenn der Geist Gottes sich in einer Weise bewegte, die Ihren Verstand beleidigte? Was wäre, wenn Er sich entschließen würde, Seinen Willen außerhalb des Rahmens auszuführen, den wir uns in unserem Verstand vorgestellt haben?

Die beunruhigenden Faktoren im Leib Christi in diesen Tagen sind der Geist des Humanismus, der den Geist der Gläubigen erfasst, sowie die Führungspersonen, die eine unabhängige Haltung einnehmen und sich von der Stimme des natürlichen Reiches von Sinn und Vernunft leiten lassen, anstatt sich vom Geist Gottes leiten zu lassen. Wir haben wie Vasti aus der Reihe getanzt und unseren Weg und Willen in unserem Streben nach dem "Reich Gottes" verherrlicht, nur um uns dort zu befinden, wo wir von der Stimme des Natürlichen geleitet werden. Wir können keine geistliche Schlacht und keinen Krieg gewinnen und den Boden für das Reich Gottes einnehmen, indem wir auf die Stimme des Natürlichen hören und natürliche Waffen (den Arm des Fleisches) benutzen.

Wir stellen Programme auf, die nur als Maske für die Abwesenheit von Gottes Gegenwart in unseren Gemeinden dienen, und beten im Großen und Ganzen um einen von Menschenhand geschaffenen Altar herum an. Dabei machen wir viel Lärm (wohlbemerkt mit hoher Professionalität) und sprechen damit Menschen mit einer Vorliebe für Kommerz statt Hunger und Durst nach Gerechtigkeit an.

Die Erlangung und Aufrechterhaltung von Ansehen und Anerkennung war bisher für viele (nicht alle) Führungspersonen in der heutigen Regierungsstruktur der Gemeinde Christi ein stilles Ziel an sich. Leider ist diese Motivation einer der Hauptfaktoren, die dazu beitragen, dass die heutige

Gemeinde Christi im Allgemeinen machtlos ist. Anerkennung, Ansehen und Zustimmung sind als stille Motivationsgrundlagen für das, was wir in der Gemeinde Christi tun, gelegt worden. Warum sonst sollten wir versuchen, unsere Gottesdienste so zu gestalten, wie es den Menschen passt und ihnen gefällt, und nicht so, wie es dem Geist Gottes passt und Ihm gefällt? Wenn die Bedürfnisse der Menschen angehoben werden, wenn die Gemeinde Christi anfängt, in der Zahl der Besucher zu wachsen, wenn es mehrere strukturierte Gottesdienste pro Tag gibt, in denen KEIN Raum für den Geist Gottes ist, sich zu bewegen, dann nennen wir das eine erfolgreiche Gemeinde! Die Zahl der Menschen, die den Gottesdienst besuchen, ist nicht das, was Gott als eine erfolgreiche Gemeinde betrachtet. Aber ob Er teilnimmt, ist das, was eine Gemeinde erfolgreich macht.

Freunde lassen Sie Ihre Ohren erwachen! Lassen Sie sie geöffnet! Ein tiefer Schrei des Volkes Gottes ertönt in allen Nationen dieser Erde nach mehr. Ich glaube, es gibt jetzt ein Fenster des Herrn, um Buße dafür zu tun, im Herzen und im Geist von Vasti gehandelt zu haben, sonst werden diejenigen, die sich weigern, Buße zu tun, ihren Sitz der Autorität verlieren und durch Esters ersetzt werden. Der Geist des Herrn lastet schwer auf meinem Herzen, während ich dies schreibe, da ich glaube, dass dies der Schlüssel zur Erweckung in dem Land ist, um dessen Besitz Sie den Herrn bitten. Er wird Seine Herrlichkeit nicht mit einem anderen teilen, das heißt, nicht mit jemandem mit einem anderen Herzen. Er möchte Seine Herrlichkeit durch Seine Gemeinde, durch Sein Volk zeigen.

DER HERR VERLANGT UNSERE SCHÖNHEIT

Der Name Ester bedeutet Stern/Helles Licht. Der Herr hat Seine Gemeinde, Seine Braut, als Ester berufen, eine, die Seine Majestät und die Herrlichkeit Seines Königreichs zeigen wird. Eine, die auf den Ruf des Königs hin, kommen und ihre Schönheit, die Schönheit der Majestät ihres Königs, zur Schau stellen wird. In ihrem Gehorsam gegenüber der Stimme ihres Königs offenbart sich

Seine Pracht, Majestät und Macht. Der Herr wünscht sich, Seine Schönheit durch Seine Gemeinde zu zeigen. Er hat einen hohen Preis für die Demonstration Seines Königreichs und Seiner Macht bezahlt, um für Sein Volk verfügbar zu sein und sich durch sie zu bewegen. Er will dies nicht nur für Sein Volk, sondern Er verlangt es auch. Vieles gegeben, viel verlangt (Lukas 12:48). König Ahasveros verlangte von Königin Vasti, ihre Schönheit vor seinem Königreich als Demonstration und Spiegelbild seiner Majestät zu zeigen. 1. Korinther 11:7 sagt:

"Die Frau aber ist die Ehre des Mannes."

Der Herr verlangt von Seiner Braut, dass sie ihre Schönheit zeigt und Seine Majestät vor den Völkern der Erde widerspiegelt. Was macht Seine Braut schön? Es ist *Seine* Schönheit, es ist *Seine* Herrlichkeit!

Vasti, mit der Bedeutung ihres Namens verglichen, war sehr schön, aber sie war rebellisch. Sie war unabhängig und von ihrer eigenen Herrlichkeit eingenommen. Eine Vasti-Gemeinde wird mehr darauf bedacht sein, alles äußerlich schön zu gestalten (schöne Bühne, schöne Gottesdienste, schöne Kleidung, schöne Lichter, schöne Sitze, schöne Programme), aber der wahren Schönheit, und das ist die Herrlichkeit und Gegenwart des Königs, keine Aufmerksamkeit schenken. Eine Vasti-Gemeinde wird Vertrauen in die natürliche Schönheit haben und dem Ruf des Königs, die wahre Schönheit - Seine Gegenwart und die Bewegung Seines Geistes – zur Schau zu stellen, nicht Folge leisten. Damit die wahre Schönheit zur Geltung kommen kann, bedarf es der vollkommenen demütigen Hingabe an den König.

DEMUT ZIEHT DEN HIMMEL AN

Nun, als Frau liebe ich die Schönheit. Ich mag es, wenn die Dinge im Natürlichen hübsch und schön sind. Also verstehen Sie mich bitte nicht falsch. Ich will die Dinge nicht hässlich machen. Ich sage nicht, dass Sie die Bühne hässlich machen sollen, oder dass Sie hässliche, unbequeme Sitze haben sollen, oder dass Sie sich kleiden sollen, als hätte die Katze Sie gerade hineingezogen! Der Herr ist ein Gott der Exzellenz, und ich glaube von ganzem Herzen daran, dass wir bei allem, was wir im Dienste unseres Königs tun, Exzellenz zeigen müssen. Was ich damit sagen will, ist, dass wir unser Vertrauen nicht auf den äußeren Schein setzen sollten (Philliper 3:3). Ester hatte neben ihrer Schönheit noch eine andere Waffe, nämlich Gunst! Es ist die Gnade Gottes! Die Gnade und Gunst Gottes ist es, die ein Todesurteil für ihre Nation umgedreht hat. Es war nicht ihre natürliche Schönheit!

Als nun der König die Königin Esther im Hof stehen sah, fand sie Gnade vor seinen Augen; und der König streckte das goldene Zepter, das in seiner Hand war, Esther entgegen. Da trat Esther herzu und rührte die Spitze des Zepters an. Da sprach der König zu ihr: Was hast du, Königin Esther, und was begehrst du? Es soll dir gewährt werden, und wäre es auch die Hälfte des Königreichs! (Esther 5:2-3).

Sie bekam Gunst in seinem Anblick, was sein Herz bewegte, ihrer Bitte nachzukommen. Das zeigt uns, dass es die Gunst Gottes ist, die Berge versetzt. Durch Seine Gnade und unverdiente Gunst sind wir frei geworden.

In Ihm haben wir die Erlösung durch sein Blut, die Vergebung der Übertretungen nach dem Reichtum seiner Gnade (Epheser 1:7).

Jakobus 4:6 sagt, dass Gott den Demütigen Gnade gibt. Damit Ester in solcher Gnade und Gunst wandeln konnte, hätte sie also ein hingegebenes, demütiges Herz haben müssen. Das zeigte sie durch das dreitägige Fasten vor ihrem Treffen mit dem König.

Eine hübsche Kanzel wird niemanden von den Toten auferwecken. Eine schöne Bühne wird einen Drogenabhängigen nicht befreien. Schöne Stühle werden eine Ehe nicht heilen. NEIN!!! Es ist durch die Gnade Gottes auf ein hingegebenes Herz, das für ihr eigenes Leben tot ist und als Same in die Erde gesät ist und welche nun durch die Auferstehungskraft des Königs wieder lebendig wird (Matthäus16:25). Wir als Gläubige sind zu einem Leben der Hingabe berufen, was der Ruf des Königs entspricht.

Jeder, der das Buch Ester gelesen hat, wird wissen, dass sie sich dem Ruf des Königs des Himmels stellte, indem sie für die jüdische Nation (ihr Volk) in den Riss stand und den König von Persien (ihren Mann) bat, das Todesurteil aufzuheben, das er wegen seines bösen Beraters Haman erlassen hatte. Dies war eine gewichtige Aufforderung, da sie dem Tod ins Auge sehen musste. Nur diejenigen, die von König Ahasveros berufen wurden, durften sich vor ihm am königlichen Hof vorstellen. (Ester 4:11).

Denn wenn du jetzt schweigst, so wird von einer anderen Seite her Befreiung und Rettung für die Juden kommen, du aber und das Haus deines Vaters werden untergehen. Und wer weiß, ob du nicht gerade wegen einer Zeit wie dieser zum Königtum gekommen bist? (Ester 4:14).

In diesem berühmten Gespräch zwischen ihr und ihrem Cousin Mordechai, das in Ester 4:14 dokumentiert ist, ermutigt er sie auf strenge und dringende Weise, dass sie für einen größeren Zweck außerhalb ihrer selbst in eine so privilegierte Position gebracht wurde. Im Wesentlichen forderte er sie auf, auf den Ruf des Herrn zu antworten und Seine Schönheit zur Schau zu stellen. Mit anderen Worten, er sagte zu ihr: "Wirst du dem Ruf des Herrn folgen, dein Leben hingeben und die Schönheit Seiner Majestät empfangen, die jedes Unrecht wieder gutmachen kann? Oder wirst du für dich selbst leben, dein eigenes Leben retten und keinen Preis für das Königreich bezahlen?"

Esters berühmte Antwort auf Mordechai in Ester 4:16, "Komme ich um, so komme ich um!", war ein Bild ihres vollständig der Hand und dem Willen Gottes übergebenen Herzens. Hier konnte sie das Reich Gottes demonstrieren, indem sie ihr Leben für eine ganze Nation hingab. Gott kann durch dieses Maß an Nachgiebigkeit große Veränderungen und Durchbrüche bewirken.

Dasselbe Gespräch findet jetzt vom Himmel her zur Erde statt. Derselbe dringende Ruf ergeht an das Volk des Herrn, zu verstehen, dass es die Schlüssel des Königreichs nicht für sich selbst erhalten hat. Es ist nicht für sich selbst, dass es Zugang zu den Schatzkammern des Himmels erhalten hat. Aber es ist für den größeren Zweck einer Generation, die so verzweifelt die Wahrheit des Lichtes und die Demonstration des Evangeliums in Macht sehen muss, um ihre Seelen aus der Hölle zu befreien.

DAS BUCH ESTER ~ EINE WEISSAGUNG AN DIE ENDZEIT-GEMEINDE CHRISTI

Wenn wir das Buch Ester mit prophetischen Augen betrachten, werden wir sehen, dass dieses Buch eine prophetische Botschaft und eine Demonstration der Endzeitgemeinde ist. Wir befinden uns in einer Zeit, in der im ganzen Leib Christi ein Regierungswechsel stattfindet. Um des Königreichs willen" wird die Regierung von Vasti abgesetzt, und eine neue Regierung wir eingesetzt, die Regierung von Ester.

Wir befinden uns in einer Zeit der Zeitalter, in der sich ein ähnliches Szenario wie im Buch Ester abspielt. Haman hat lange genug gewütet und höllische Erlässe durch dämonische Erzählungen freigesetzt, die unsere Gesellschaft und die jüngeren Generationen zu einem antichristlichen Glaubenssystem formen, das sie in die Hölle schicken wird. Die Vasti-Gemeinde hat sich zu sehr für ihr eigenes Königreich und ihre äußere Schönheit interessiert, anstatt ihren Stolz aufzugeben und ihren Ruf zu riskieren, um die Schönheit (die Herrlichkeit) des Herrn der Welt zu zeigen, was den Einfluss dämonischer Erzählungen auf diese Generation verschieben, die Dunkelheit aufschließen und sie in das Reich des Lichts zurückführen würde.

Um des Königreichs willen findet daher in dieser Zeit ein Regierungswechsel in der Gemeinde Christi statt, und zwar von der Regierung von Vasti zur Regierung von Ester.

EIN REINES HERZ WIRD GOTT IN BEWEGUNG SEHEN

Reinheit ist das, was eine Ester-Regierung auszeichnet. Ester hatte ein reines Herz ohne jegliche Agenda. Sie hat den Thron nicht bestiegen, weil sie eine Agenda zu erfüllen hatte. Sie brauchte sich nicht selbst zu befördern, um die Gunst des Königs zu erlangen, sondern war lediglich in die Gnade und Gunst Gottes gekleidet, durch die sie auffiel und von ihm wahrgenommen wurde.

> *Glückselig sind, die reinen Herzens sind, denn sie werden Gott* **schauen** *(Matthäus 5:8, Betonung hinzugefügt).*

Diese Schriftstelle bedeutet wörtlich, dass diejenigen, die nichts anderes vorhaben, als Gott und Seine Wahrheit zu kennen, Ihn erkennen und mit weit geöffneten Augen vor Ihm stehen werden. Sie werden sehen, wie Gott sich in Seinem Ehrfurcht gebietenden Staunen bewegt, und sie werden Ihn erkennen, wenn Er "auftaucht". Sie empfinden es nicht als befremdlich, wenn Sein Geist sich in ihrer Mitte manifestiert und beginnt, auf Sein Volk zuzugehen. Sie haben die Haltung "Habe Deinen Weg, Herr, nicht meinen, sondern Deinen Weg".

Eine Vasti-Regierung wird eine Bewegung von Gottes Geist *nicht* anerkennen. Sie wird keine Augen haben, um zu sehen, weil der Stolz wie ein Schleier über dem Herzen wirkt.

> *Der Hochmut deines Herzens hat dich verführt (Obadja 1:3a).*

Wenn wir uns erinnern, war es der Stolz, der die Herzen und Augen der religiösen Führer und Schriftgelehrten zur Zeit Jesu verhüllte und sie daran hinderte, Ihn so zu sehen, wie Er wirklich war.

Der Herr gebiert ein neues Herz in der Regierung Seiner Gemeinde.

> *Ich aber will ihnen ein einiges Herz geben, ja ich will einen neuen Geist in euer Innerstes legen; und ich will das steinerne Herz aus ihrem Leib nehmen und ihnen ein fleischernes Herz geben (Hesekiel 11:19).*

Diejenigen, die das Herz von Ester haben, erkennen die Berührung ihres Gottes und reagieren darauf. Sie sind empfänglich für die Eingebungen und Bewegungen des Heiligen Geistes und geben Ihm schnell Raum in ihrer Mitte.

POSITIONIERT, UM DAS KÖNIGREICH DES HIMMELS ZU DEMONSTRIEREN

Ester wurde an einem Ort des Einflusses und der Regierung positioniert, um das Mandat des Himmelreiches zu demonstrieren. Der Herr hat Seine Gemeinde, Seine Braut als Esther berufen, um Seine Majestät und die Herrlichkeit Seines Königreichs zu demonstrieren. Er möchte Seine Herrlichkeit durch Seine Gemeinde, durch Sein Volk und für sie zeigen, damit sie Sein Königreich in *Macht demonstrieren* können.

> *Ihr aber seid ein auserwähltes Geschlecht, ein königliches Priestertum, ein heiliges Volk, ein Volk des Eigentums, damit ihr die Tugenden dessen verkündet, der euch aus der Finsternis berufen hat zu seinem wunderbaren Licht (1. Petrus 2:9).*

Diese Schrift erklärt deutlich, dass wir aufgerufen sind, Seine Herrlichkeit zu zeigen. Wenn Sie nicht wissen, dass Ihre Bestimmung oder Berufung in Gott liegt, dann ist diese Schriftstelle für Sie. Sie sind dazu berufen, das Königreich in der Macht und Autorität des Himmels zu demonstrieren.

Ester wurde in eine Regierungsposition versetzt, um den Willen Gottes auszuführen. Und so ist es auch zu dieser Stunde bei dem Volk Gottes. Der Herr versetzt Sein Volk wie Ester in die Lage, den Willen Gottes auszuführen. Es ist nicht für unsere Tagesordnung, es ist nicht für unseren Zweck, aber Gott erhebt ein Volk wie Ester, um große Generationswandel und nationale Veränderungen und Siege herbeizuführen.

DIE ESTER-REGIERUNG DIENT DER AGENDA DES KÖNIGS DES HIMMELS

Bei der Förderung geht es nicht nur um uns, sondern es ist ein Ort, an dem Dienerschaft demonstriert wird. Wie ich bereits sagte, dient eine privilegierte Position einem größeren Zweck außerhalb Ihrer selbst.

Ester wurde nicht in eine strategische Position des Einflusses versetzt, nur um hübsch auszusehen, sondern um einer höheren Agenda zu dienen. Es war die Agenda des Königs des Himmels. Die Agenda des Herrn ist immer zum Wohle Seines Volkes. Und so besteht das Herz einer Ester-Regierung darin, dem höheren Wohl des Volkes zu dienen, selbst um den Preis, dass man dafür sein eigenes Leben opfert.

Von Ester in ihrer königlichen Position wurde verlangt, sich für das Volk zu opfern - auch wenn es sie das Leben kosten sollte.

AUFGERUFEN, GERECHTIGKEIT ZU VOLLSTRECKEN

Denken Sie daran, dass der Name Ester hell/Licht bedeutet, was ein prophetisches Bild der endzeitlichen Gemeinde Christi ist, die hell leuchtet mit der Herrlichkeit des Herrn. So hell, dass Nationen zu diesem Licht kommen werden (Jesaja 60:1). Nicht nur das, sondern auch zum Zweck der Entlarvung der Dunkelheit durch das Licht.

Wir lesen in Ester 2:21-23, dass böse Strategien und Pläne sofort aufgedeckt wurden, als Ester in ihre Regierungsposition gebracht wurde. Die Verschwörung gegen das Leben des Königs, und dann in späteren Kapiteln der böse Plan Hamans, die Juden zu vernichten.

Wenn der Teufel entlarvt wird, kann die Gerechtigkeit vollstreckt werden.

Nur wenn die Wurzel des feindlichen Plans verborgen ist, kann der Feind unser Leben weiterhin in Unordnung bringen.

Wir befinden uns in einer Stunde im Gemeindezeitalter, in der sich die Gemeinde Christi mit dem Licht und der Herrlichkeit Gottes erhebt und wie Ester die Pläne und Strategien des Teufels zur Ausführung von Gerechtigkeit und Rache aufdeckt und damit ein mächtiges Umdrehen des Spießes bewirkt.

Die beiden, die geplant hatten, den König zu töten, wurden gehängt, ebenso Haman, der später entlarvt wurde (Ester 2:23, Ester 7:10).

Diese Erzählung in Ester ist ein prophetisches Bild der Gerechtigkeit Gottes, die durch den Rächer, den König der Herrlichkeit, vollstreckt wird, während die Regierungswechsel stattfinden und Ihm erlauben, "einzuziehen".

Esters Bestimmung war eine Regierungsposition. Wir als eine von Christus erlöste Gemeinde sind jetzt Könige und Priester, die mit Ihm an himmlischen Orten sitzen (Offenbarung 1:6; Epheser 2.6-7). Könige und Priester sind Regierungsämter. Wenn Seine Gemeinde von einem Regierungssitz im Himmel aus handelt, werden die Pläne des Feindes umgekehrt, und die Gerechtigkeit wird vollzogen.

Ester war ein Licht, um die bösen Strategien des Feindes zu entlarven und eine Nation vom Todesurteil zu befreien.

Und so positioniert Gott Seine Auserwählte, Seine Gemeinde, einen gereinigten und vorbereiteten Überrest, in strategische Einflusspositionen, um die Pläne und Strategien des Feindes zu vereiteln.

POSITIONIERUNG FÜR DIE AUSFÜHRUNG DER GERECHTIGKEIT

Anfang Juni 2018 hatte ich einen Traum bezüglich der Zahl 9. Im Laufe meines Traumes sah ich immer wieder die 999, und als die Zahl 9 immer wieder auftauchte, sagte ich in meinem Traum immer wieder: "Das ist Vergeltung, Versöhnung und Erlösung". Im gleichen Traum sah ich wiederholt 4:14 neben 999. In dem Traum sagte ich: "Dies ist jetzt die Zeit von Ester". Ich wusste, dass dies Ester 4:14 bedeutete.

> *Denn wenn du jetzt schweigst, so wird von einer anderen Seite her Befreiung und Rettung für die Juden kommen, du aber und das Haus deines Vaters werden untergehen. Und wer weiß, ob du nicht gerade wegen einer Zeit wie dieser zum Königtum gekommen bist?*

Die biblische Bedeutung der Zahl 9 ist "Endgültigkeit" oder die "Fülle" Gottes. Die Endgültigkeit Gottes kommt mit einer Zusammensetzung aus Gerechtigkeit und Gericht. Wir sehen, dass Jesus in der 9. Stunde des Tages am Kreuz gestorben ist. Es war vollendet. Dieses Opfer wurde in der 9. Stunde vollendet, und was folgte, war Erlösung, Versöhnung und Vergeltung für alle, die Sein Opfer empfangen würden, sowohl Juden als auch Heiden.

Wir sehen auch, dass es neun Gaben und neun Früchte des Geistes gibt, die die "Fülle" Gottes symbolisieren.

Bezüglich der Auslegung sprach der Herr zu meinem Herzen und sagte:

"Ich positioniere meine Geliebte wie in Ester 4:14 für eine solche Zeit wie diese, um meine Gerechtigkeit in dieser Zeit (999) zu vollziehen, in der Ich der Sache des Feindes eine Endgültigkeit und für mein Volk eine Wende bringe. und der Wende für mein Volk eine Durch diese Ester-Regierung werden die Pläne des Feindes auf vielen Ebenen in den sieben Bergen der Gesellschaft aufgedeckt werden, und Gerechtigkeit und Endgültigkeit werden gebracht werden, wenn das Volk des Herrn seine Stimme erhebt und nicht schweigt. Denn wenn viel gegeben wird, ist viel verlangt, und mit der Förderung kommt Verantwortung."

DIES IST NICHT DER ZEITPUNKT, UM ZU SCHWEIGEN!

In Ester 4:14 bemerken wir, dass Mordechai Ester bittet, nicht zu schweigen. Damit sich Gerechtigkeit manifestieren kann, muss die Stimme der Geliebten des Herrn gehört werden. Wenn sie gehört wird, werden Gerechtigkeit, Rückerstattung und Erlösung kommen. Gott ruft ein Volk, das vor der Furcht davor, was der Mensch ihm antun kann, nicht zurückweicht! Nein, der Herr stellt ein Volk wie Ester auf, das sagen wird: "Komme ich um, so komme ich um!" (Ester 4:16), und das in der Furcht des Herrn hinausgeht und dadurch eine mächtige Befreiung kommen sehen wird (Psalm 34:7). Wenn das Volk des Herrn sich dafür entscheidet, nicht passiv im Rat der Gottlosen zu sitzen, sondern stattdessen das Wort zu ergreifen und aufzustehen oder dafür Buße zu tun, dass es dies in der Vergangenheit nicht getan hat (Psalm 1), werden wir beginnen, göttliche Umkehrungen, Vergeltung, Rückerstattungen und beispiellose Siege des Fortschritts für das Königreich des Himmels zu erleben.

Der Herr positioniert Sein Volk in dieser Stunde, um eine Stimme in der Dunkelheit zu sein und den bösen, ungerechten Plänen Hamans endgültig zu vernichten!

REINIGUNG, VERSCHÖNERUNG, PRÄSENTATION, DEMONSTRATION

Genauso wie Ester einen Reinigungs- und Verschönerungsprozess durchmachte, bevor sie dem König vorgestellt wurde (Ester 2:12), bringt der Herr auch Sein Volk durch eine Vorbereitungszeit der Reinigung, damit es erfolgreich in der Position des Einflusses arbeiten kann, zu der Er es befördert. Der Reinigungsprozess dient dem Zweck, alle Agenden des Herzens, die nicht dem Herrn übergeben sind, zu entleeren. Dieser Prozess kann Jahre dauern, besonders bei Positionen mit großem Einfluss. Wir sehen das im Leben von Joseph.

Wie Ester verschönert der Herr nach diesem Prozess der Reinigung und Verfeinerung Sein Volk mit dem Duft Seiner Gunst, so dass es zur Demonstration Seiner Macht aufgestellt wird. Damit hat die Vorbereitung Seines Volks ihren Höhepunkt erreicht (9), und die Zeit, es in Stellung zu bringen, um das Königreich "für eine Zeit wie diese" zu demonstrieren, tritt ein.

Ich habe 007 (was für mich Geheimagenteneinsätze symbolisiert) seit langer Zeit immer wieder gesehen. Es erinnert mich daran, dass der Herr Seine Vorbereiteten für die Ausführung dieser Aufträge in Stellung bringt. In dieser neuen Ära vergibt der Herr neue Aufgaben der Gerechtigkeit und positioniert Seine Geliebten, um diese Aufgaben zu erfüllen und auszuführen.

Esters Aufgabe war, kurz gesagt, eine Aufgabe der Gerechtigkeit, die den bösen Plan Hamans (der darin bestand, die Juden zu vernichten) aufdeckte und eine göttliche Wende herbeiführte: Ihr Volk erhielt das Recht, sich zu verteidigen! Sie brauchte die Gunst Gottes, damit sie zur Königin gewählt und ihr Auftrag erfüllt werden konnte. Und so ist es mit Gottes Volk, diejenigen, die durch die Zeiten der Reinigung, des Feuers, der Prüfungen und Testungen gegangen sind und gereinigt herauskamen, werden nun mit dem Duft der

Gunst des Herrn verschönert, um Seine Aufgaben der Gerechtigkeit zu demonstrieren.

DUFT DER GUNST FÜR DIE AUFGABEN DER GERECHTIGKEIT

In einer Zeit der Fürbitte im späteren Verlauf des Jahres 2018 hatte ich eine Vision vom Herrn, der überall auf Ester Parfüm versprühte. Ich wusste, dass dies Sein vorbereitetes Volk darstellte. Dann sah ich, wie ein zweischneidiges Schwert geschwungen wurde und der Herr es Seinem Volk gab. Als Er es ihnen gab, hörte ich Ihn sagen:

"Dies ist ein Schwert der GNADE und der RACHE, denn ihr werdet Gnade brauchen, um Meine gerechte Rache an dem Feind in dieser Zeit auszuführen".

Ich wusste, dass dies ein symbolisches Bild Seiner Braut als Ester war. Der Duft und das Parfüm Seiner Salbung schmückte sie mit Seiner Gunst und versetzte sie so in die Lage, ihren Auftrag, die Gerechtigkeit des Herrn auszuführen und zu erfüllen.

Esters Auftrag hob das Dekret von einem Todesurteil durch das Dekret auf Lebenserhaltung auf.

AUFERSTEHUNGSKRAFT FÜR DIE HINGEGEBENEN LIEBHABER

Und sie haben ihn überwunden um des Blutes des Lammes und um des Wortes ihres Zeugnisses willen und haben ihr Leben nicht geliebt bis in den Tod! (Offenbarung 12:11)

Dieser Vers zeigt deutlich, dass die Kraft zur Überwindung darin besteht, unser Leben bis in den Tod nicht zu lieben. Wir haben diesen Gedanken bereits früher in diesem Kapitel in Bezug auf Ester, die dem Tod ins Auge gesehen hat, angesprochen.

Ich darf die kühne Behauptung aufstellen, dass die Macht Gottes, die große generationelle und nationale Veränderungen und Siege bewirken wird, den hingegebenen Liebhabern Gottes vorbehalten ist.

So wie Ester ihre Nation vor dem Erlass des Todes rettete, so wird diese Generation von hingegebenen Liebhabern Gottes, die Träger der Herrlichkeit sein, die den Tod überwinden, wenn sie sich selbst sterben und in der Auferstehungskraft Gottes wandeln.

Man kann das Auferstehungsleben nicht ertragen, wenn man bereits am Leben ist. Das Auferstehungsleben kommt auf jemanden, der gestorben ist, *denn nicht mehr ich bin es, der lebt, sondern Christus, der in mir lebt* (Galater 2:20).

Um zu überwinden, wird Gott Sie auf unkonventionelle Weise führen. Es wird immer Risiken geben, sonst würde es keinen Glauben erfordern.

Ester deckte die Strategien des Bösen auf, um eine Generation zu retten. Sie liebte ihr Leben nicht einmal bis zum Tod, um dem Herrn zu gehorchen. Und dieser gleiche Ruf wird jetzt aus dem Himmel verkündet. Erhebe dich, o Esther, erhebe dich, Meine Braut, Meine Geliebte, denn bist du nicht schon so lange zum Königreich für eine Zeit wie diese berufen?

Die Regierung von Ester

Kapitel 10

DER KUSS SEINES GEBRÜLLS

Heute, während ich sechzehn Jahre nach meiner Begegnung mit dem Löwen von Juda im Jahr 2003 schreibe, die ich im ersten Kapitel beschrieben habe, schließe ich dieses Buch mit einer unerwarteten Begegnung, die ich vor wenigen Tagen mit dem Löwen von Juda hatte ab.

BEGEGNUNG MIT DEM LÖWEN VON JUDA

Ich leitete ein Frauentreffen in Anbetung und im Wort Gottes, wie gesagt, nur wenige Tage bevor ich das letzte Kapitel dieses Buches schrieb, und das Feuer des Herrn fiel sehr stark auf mich. Dieses Feuer war von einer Liebe erfüllt, die von Zorn umhüllt war, als Er begann, zu Seiner Geliebten zu sprechen. Wenn Er sprach, war es, als würde Er brüllen. Seine Worte waren stark und von Dringlichkeit erfüllt, eine Dringlichkeit, die ich in all meinen Jahren, in denen ich Seinem Volk Sein Wort diente, noch nicht erlebt hatte.

Diese Dringlichkeit ergriff mich in einer unmissverständlichen Art und Weise in der Vermittlung, die für diejenigen gedacht war, die Ohren haben zu hören, was Er in dieser Zeit sagte.

Nachdem ich diese Begegnung mit dem Herrn verarbeitet hatte, sprach Er zu mir und sagte:

> *"Denn wie ich bereits 2003 sagte, komme ich "als der Löwe", wisset, dass dieser Tag nun gekommen ist! Ich bin gekommen für diejenigen, die sich bereit gemacht haben, Ich bin zu denen gekommen, die gesucht haben, Ich bin zu denen gekommen, die Ohren haben, um zu hören, und Augen haben, um zu sehen, um über sie zu brüllen und sie in Meine Gemächer zu ziehen."*

Dann begann Er zu meinem Herzen über das Hohelied Kapitel 1:1-4 zu sprechen. Lassen Sie uns die Schriftstellen Vers für Vers genießen, wie Er darin Sein Herz für Seine Geliebte offenbart.

LASS IHN DICH KÜSSEN

> *Er küsse mich mit den Küssen seines Mundes! Denn deine Liebe ist besser als Wein (Hohelied 1:2).*

Laut Strongs Konkordanz ist Kuss im Hebräischen nashaq. Es ist eine primitive Wurzel mit der Idee *"sich daran festmachen"*.[1] Dieses Wort ist identisch mit dem hebräischen Wort *nawsak* welches bedeutet *"Feuer fangen/ anzünden"*.[2]

Diese Wörter stehen in enger Beziehung zu dem hebräischen Wort *chazaq*, welches auch bedeutet, sich daran zu befestigen. Mit anderen Worten, es bedeutet *erobern oder ergreifen*.[3] Dieses Wort *chazaq* ist dasselbe hebräische

Wort, das in 2. Chronik 15:7 für "sich stark zeigen" verwendet wird. *Chazaq* steht auch in Beziehung zu *chashaq*, was bedeutet: *sich freuen, lieben, verbinden, begehren, aber auch* **befreien**.[4]

Ich fragte mich, warum die sulamitische Frau im Hohelied Salomos zuerst sagt: "Er küsse mich" mit den Küssen Seines Mundes. Erst als ich die hebräische Bedeutung des Wortes Kuss las, begann ich, diese Sprache zu verstehen. Sie spricht zu ihrem Herzen und sagt: "Ergebe dich diesen Küssen, *lass* Ihn mich küssen, begehre diese Küsse Seines Mundes, denn Seine Liebe ist besser als Wein".

Wein ist ein Symbol für den gefälschten Rausch, den die Welt zu bieten hat. Die gefälschte Quelle, zu der Seine Geliebte für Trost, Freude, Frieden, Erfüllung, Liebe usw. läuft. Wein kann all diese vorübergehenden Vorteile im Moment bieten, aber am Ende lässt er uns leer zurück. Das ist die Welt. Wir suchen Befriedigung, indem wir Mammon, Beziehungen und Erfolg jagen, um Frieden, Freude und Liebe zu finden, aber sie wird uns nur vorübergehend befriedigen. Sie wird einen "Kater" im Herzen hinterlassen, der aus Trauer und innerer Verzweiflung besteht.

Angesichts der hebräischen Bedeutung der erklärten Worte glaube ich also, dass dies das Gebet der sulamitischen Frau in ihrem tiefen Streben nach ihrem Geliebten ist,

"Nichts geht über deine Liebe. "Küss" mich mit dem Feuer Deiner Liebe, erlöse und erobere mein Herz durch Deine tiefe Sehnsucht nach mir, einer Liebe, die so stark ist wie der Tod. Zeige Dich stark und räche die Feinde meiner Seele, die uns getrennt und unsere Intimität behindert haben. Ich ergebe mich den Küssen Deines Feuers Herr! Ich sage: Komm und erobere mein Herz als Deins und nur Deins allein! Denn ich weiß, dass diese Welt mir nichts zu bieten hat, sie ist leer und sinnlos und kommt Deiner Liebe nicht nahe."

Dasselbe Gebet der sulamitischen Frau wird auch jetzt noch in Seiner Geliebten hineingelegt. Und es steigt auf zu dem Thron des Himmels und zieht den Rächer, den Löwen, den Liebhaber unserer Seelen, herab. Das ist es, was der Heilige Geist durch Seine Geliebte seufzt, um Seine Braut zu reinigen, damit der Geist und die Braut sagen können: "Komm, Herr Jesus, komm".

SEINE KÜSSE SIND SEIN BRÜLLEN

Diejenigen, die in der letzten Zeit vorbereitet wurden und deren Herzen in der letzten Zeit bearbeitet und gepflügt wurden, werden in dieser Zeit das Brüllen des Löwen hören. Denn das Brüllen des Löwen klingt anders als das Blöken des Lammes. Diese "Küsse" Seines Mundes sind Sein Brüllen, das dazu bestimmt ist, die Herzen Seines Volkes anzuzünden und in ihnen Seine Liebe durch Feuer zu erwecken. Dieses Gebrüll ist Sein Wort, das wie Feuer aufgeht und Seine Braut zur Heiligung und Absonderung zu Ihm ruft. Er zieht sie "aus ihrer Mitte heraus", damit Er sie rächen kann. Er wird sie von allem befreien, was auch immer versuchen mag, sie zu beflecken. Er brüllt mit Feuer, um die Feinde Seiner Liebe in ihrem Herzen zu verbrennen, und ruft sie eindringlich dazu auf, durch Buße tun alle Bindungen an die Dinge dieser Welt und die Ideologien, die mit ihr einhergehen, "loszulassen". Es ist Zeit, nach oben zu kommen, es ist Zeit, nach oben zu kommen, es ist Zeit, aufzusteigen, zu denken, wie Er denkt, und zu verstehen, wie Er versteht (Jesaja 55:9).

Das Feuer Gottes trennt, reinigt, heiligt und lässt uns makellos vor der Welt sein.

Vom Feuer Seiner Liebe geküsst zu werden, bringt eine Trennung und eine Heiligung. Es wird die Flecken reinigen, die die Welt hinterlassen hat. Er markiert Seine Geliebte mit Feuer, dem Feuer Seiner Liebe, damit sie der Welt wirklich als ein Leuchtfeuer der Wahrheit erscheinen kann.

SEINE GELIEBTE MIT EINEM NEUEN PARFÜMIERTEN DUFT ZU SCHMÜCKEN

Vs 3:

Lieblich duften deine Salben; dein Name ist wie ausgegossenes Salböl: darum lieben dich die Jungfrauen!

Salbe ist ein prophetisches Symbol für Salbungsöl. Diese Salben waren mit Duftstoffen gefüllt.

In den letzten Tagen hatte ich eine Begegnung, als ich die Anbetung in unserem Gottesdienst leitete. Ich hörte immer wieder *Zimt, Weihrauch* und *Myrrhe*. Der Herr ließ mich das immer und immer wieder singen. Ich wusste, dass Er Seine Geliebte in dieser Stunde mit neuen Düften Seiner Salbung salbte.

Myrrhe

Während ich sang, sah ich das Bild von Hohelied 5, auf dem die sulamitische Frau nach einem harten Arbeitstag im Weinberg auf ihrem Bett lag und von ihrem Geliebten träumte, der zu ihr kam. Aber sie war so müde, dass sie nicht aufstehen und sich die Füße schmutzig machen wollte, um ihm die Tür zu öffnen. Schließlich erhob sie sich nur, um festzustellen, dass er gegangen war, und den Türknauf von süß duftender Myrrhe triefen ließ.

In biblischen Zeiten wurde Myrrhe als einer der Bestandteile des Heiligen Salböls und auch als Parfüm verwendet. Dieses Salbungsöl sollte den Tempel, die Tempelgeräte und die Priester heiligen und absondern, damit sie dem Herrn heilig wurden (2. Mose 30:22-30). Wir sehen, dass das Öl der Myrrhe bei der sechsmonatigen Reinigung von Ester verwendet wurde, bevor sie dem König vorgestellt wurde (Ester 2:12). Es wurde auch zum Einbalsamieren und Reinigen der Toten für die Bestattung verwendet.

Das Öl der Myrrhe, das auf den Türknauf tropfte, stellt eine Salbung für Absonderung, Heiligung und Reinigung dar. Als die Sulamiterin aufstand und ihre Hand auf den Türknauf legte, wo ihr Geliebter gewesen war, wurde sie von Seinem Kommen gezeichnet. Es war Sein Wunsch, sie durch Seine Liebe und Seine Liebe allein als Ihm abgesondert zu kennzeichnen.

Der Herr regte mein Herz an zu verstehen, dass Sein "Kommen" nicht immer nach unserem Gutdünken erfolgt. Es könnte dann vorkommen, während wir von unserer Arbeit in Seinem Weinberg erschöpft sind. Ich halte es für eine dringende Botschaft des Herrn in dieser Stunde, Ihm zu antworten, wenn Er kommt. Er verlangt eine Antwort von uns, und es kann von uns verlangen, dass wir uns die Füße schmutzig machen, um Ihm zu begegnen. Auf Sein Kommen zu antworten, könnte es erfordern, dass wir unsere Komfortzone, das bequeme Bett des Schlummers, verlassen. Er kennzeichnet Seine Geliebte in dieser Stunde mit Myrrhe, sondert sie ab und heilt sie für sich selbst als die Seinen und die Seinen allein. Eine reine Braut, unbefleckt von der Welt.

Weihrauch

Weihrauch wird als Räucherwerk verbrannt. Weihrauch war einer der Bestandteile des in 2. Mose 30:34-38 erwähnten Weihrauchs, der vor der Bundeslade im Zelt der Begegnung in der Stiftshütte vor die Bundeslade gelegt werden sollte. Wenn Weihrauch verbrannt wird, hat er einen wohlriechenden Duft. Er ist ein Symbol für Gebete und Opfergaben, die Gott wohlgefällig sind. Dieses Aroma spricht von der hingebungsvollen Anbetung des Herrn, die als schöner Duft in Seinen Nasenlöchern einströmt. Dieser Duft ist es, der aus Seiner geliebten Braut ausströmen wird, wenn sie in die Kammern der Intimität hineinkommt und ein Leben der hingebungsvollen Anbetung Ihm gegenüber führt.

Zimt

Zimt war auch ein Bestandteil des Salbungsöls der Heiligen Salbung (2. Mose 30:23). Er hat auch die Konnotation eines Duftes, der ein abgesondert sein zum Herrn verströmt. Er ist ein Gewürz mit einem schönen Aroma. In biblischen Zeiten wurde es zusammen mit Myrrhe verwendet, um das Bett der Intimität zu salben (Sprüche 7:17). Zimt ist ein Liebesgewürz. Er ist ein Duft von Liebe, Intimität und Romantik. Auch wenn sich Sprüche 7:17 auf eine verbotene Intimität bezieht, wird damit doch ein traditioneller Brauch der damaligen Zeit offenbart, dass das Bett der Intimität mit Düften gesalbt wurde und einer davon Zimt war.

Alle drei oben erwähnten Düfte stellen eine Weihe an den Herrn dar. Diese schönen Düfte sind es, mit denen der Herr Seine Geliebte in dieser Zeit schmückt. Sie wird in der Weihe an Ihn einbalsamiert und verströmt den Duft ihrer Liebe zu ihrem König und Seiner Liebe zu ihr. Dieser Duft an ihr wird von der Welt gerochen werden und bewirkt, dass alle, die die Wahrheit suchen, zum Vater gezogen werden

ZIEH SIE MICH IN DEINE GEMÄCHER

Vers 4:

Zieh mich dir nach, so laufen wir! Der König hat mich in seine Gemächer gebracht; wir wollen jauchzen und uns freuen an dir, wollen deine Liebe preisen, mehr als Wein; mit Recht haben sie dich lieb!

Wer zieht, ruft oder führt heraus. Es bedeutet, an einen neuen Ort zu rufen. Der Herr ruft Sein Volk dazu auf, aus der Welt herauszukommen und von ihr getrennt zu sein! (2. Korinther 6:17) Der Herr ruft uns von dem gegenwärtigen Ort, an dem wir uns befinden, und dass wir Ihm in die Gemächer folgen. Wir sehen hier in Vers 4 des Hoheliedes Salomos, dass das Ziel Seine Gemächer sind. Das Ziel ist Intimität und im unermesslichen Rausch Seiner Liebe abgesondert sein.

Wenn wir Ihm nachlaufen, was ein intensives Streben nach Seinem Herzen ist, werden wir auf dieses intensive Feuer Seiner Liebe treffen. Hebräer 12:29 beschreibt unseren Gott klar als ein alles verzehrendes Feuer. Dieses Feuer wird absondern, dieses Feuer wird reinigen, dieses Feuer wird heiligen, dieses Feuer wird erwachen, dieses Feuer wird eine Liebe entfachen, die wir noch nicht kennen. Dieses Feuer wird unsere Feinde RÄCHEN und eine Braut vorbereiten, die für ihren KÖNIG bereit ist.

Lassen Sie sich von Ihm küssen, Geliebte. Erlauben Sie den Küssen Seines Gebrülls, Sie als Sein und Sein allein zu kennzeichnen. Erlauben Sie dem Feuer Seiner Liebe, Ihrer Sache zu rächen während Sie den Löwen von Juda umarmen, der gekommen ist, um sich stark zu zeigen.

Der Kuss Seines Gebrülls

SCHLUSSFOLGERUNG

An diesem Tag, der wie ein Ofen brennt, in dieser Stunde, in der der Herr mit dem Feuer Seiner Küsse über Seiner Geliebten brüllt und sie (die Makellose, die in der Furcht des Herrn wandelt) zu sich zieht, möge offenbar werden, wie der Rächer mit Heilung in Seinen Flügeln über ihr aufsteigt. Möge sie nun als freigelassene Kälber aus dem Stall gehen und möge alle Trauer in Freude verwandelt werden. Möge der Löwe von Juda, der König der Herrlichkeit, der Rächer, als Licht gesehen werden, das sich über Seiner Geliebten erhebt, wenn der Himmel auf grobe Finsternis reagiert, die die Erde erfüllt. Mögen Nationen und Könige zu diesem Licht kommen. Mögen Gerechtigkeit und Rückerstattung demonstriert werden, während die Rechtschaffenen das Gesetzlose als Asche unter ihren Fußsohlen zertreten. Möge Sein Reich kommen, Sein Wille geschehen, wie im Himmel so auf Erden (Maleachi 3, Hohelied 1, Jesaja 60, Matthäus 6).

Ich bete darum, dass alle, die dieses Buch gelesen haben, zu einem tieferen Verständnis des Königs der Herrlichkeit als ihr rächender Geliebter kommen mögen. Derjenige, der Sein Volk bereit gemacht hat und es vorbereitet, damit Er einzieht und sich durch sie, durch Sein Volk bewegen kann.

Mit viel Liebe,

Anita Alexander

ANMERKUNGEN

ALLE Konkordanz-Referenzen sind der „Strong's Exhaustive Concordance of the Bible" von James Strong entnommen.
Gedruckte Ausgabe. Englisch. 2009. Aktualisierte Ausgabe. Peabody, Massachusetts: Hendrickson-Verlag.

Kapitel 2
DER RÄCHER

1. Hebräisches Wort pawar (Strongs H6286)
2. Hebräisches Wort bosheth (Strongs H1322)
3. Hebräisches Wort boosh (Strongs H954).
4. Hebräisches Wort ranan (Strongs H7442)
5. Hebräisches Wort yarash (Strongs H3423)
6. Hebräisches Wort chazaq (Strongs H2388)
7. Hebräisches Wort shalem (Strongs H8003)
8. Hebräisches Wort Kabod (Strongs H3519)

Kapitel 3
BAHHT DEN WEG FÜR DEN KÖNIG DER HERRLICHKEIT

1. Griechisches Wort kamelos (Strongs G2574), hebräischer Ursprung, Wortstamm gamal (Strongs H1580)

Kapitel 4
EINE VERÄNDERUNG DER LANDSCHAFT

1. Hebräisches Wort fröhlich (Strongs H1516)
2. Referenz Psalm 23:4 Hebräisches Wort Tal; fröhlich (Strongs H 1516)
3. Hebräisches Wort gevah (Strongs H1466)
4. Hebräisches Wort nasah (Strongs H5375)
5. Verweis Jesaja 53:4, hebräisches Wort Lift; nasa (Strongs H5375)
6. Griechisches Wort phos (Strongs G5457)
7. Hebräisches Wort aqob (Strongs H6121)
8. Griechisches Wort Strepho (Strongs G1294)
9. Merriam-Websters Onlinewörterbuch, s.v. "pervers" (Zugriff am 27. August 2018)
10. www.blueletterbible.org, Olivenbaum-Verweis auf die Israel-Studie, Blue Letter Bible, 2019 www.blueletterbible.org/study/larkin/dt/29.cfm (Zugriff am 25. März 2019).
11. Hebräisches Wort rekes (Strongs H7406), rakas (Strongs H7405)
12. www.studylight.org Wortsuche für hebräisches Wort rekes (Strongs H7406), Study Light.Org, 2001-2019, www.studylight.org/lexicons/hebrew/7406.html (Zugriff am 28. August 2018
13. www.blueletterbible.org, Wörterbuch und Wortsuche für hebräisches Wort rekes (Strongs7406), Blue Letter Bible, 2019 https://www.blueletterbible.org/lang/lexicon/lexicon.cfm?Strongs=H7406&t=KJV (Zugriff am 28. August 2018)
14. Hebräisches Wort biqah (Strongs H1237)
15. www.blueletterbible.org, Wörterbuch und Wortsuche für das hebräische Wort biqar (Strongs H1237), Blue Letter Bible, 2019 www.blueletterbible.org/lang/lexicon/lexicon.cfm?Strongs=H1237&t=KJV (Zugriff am 25. März 2019)
16. Hebräisches Wort baqa (Strongs H1234)
17. Verweis Psalm 78:13, hebräisches Wort baqa (Strongs H1234)
18. Hebräisches Wort sela (Strongs H5553)
19. www.behindthename.com, Suche nach Namen mit der Bedeutung "Victor", Mike Campbell, 1996-2019, https://www.behindthename.com/name/victor (Zugriff am 27. August 2018)
20. https://www.ancestry.com/nameorigin?surname=franken&geo_

a=r&geo_s=us&geo_t=us&geo_v=2.0.0&o_xid=62916&o_lid=62916&o_sch=Partners, Suche nach der Bedeutung des Namens "Franken", Abstammung, 1997-2019, www.ancestry.com (Zugriff am 27. August 2018)
21. www.nameberry.com , Suche nach Namen mit der Bedeutung "Frank", Nameberry, 2019, https://nameberry.com/babyname/Frank (Zugriff am 27. August 2018)
22. www.ancestry.com.au, Suche nach der Bedeutung von "Stein", Abstammung, 1997-2019, https://www.ancestry.com.au/name-origin?surname=stein (Zugriff am 27. August 2018)

Kapitel 5
DARF ICH EINZUG NEHMEN?

1. Hebräisches Wort bo (Strongs H935)
2. Hebräisches Wort darash (Strongs H1875)
3. Hebräisches Wort baqash (Strongs H1245)
4. www.studylight.org, Wörterbuch und Wortsuche nach dem hebräischen Wort baqash (Strongs H1245), StudyLight.org , 2001-2019, https://www.studylight.org/lexicons/hebrew/1245.html (Zugriff am 28. August 2018)
5. Hebräisches Wort naw-saw (Strongs H5375)
6. Hebräisches Wort rosh (Strongs H7218)
7. Hebräisches Wort shaar (Strongs H8179)
8. www.studylight.org Wörterbuch und Wortsuche des hebräischen Wortes shaar (Strongs H8179), StudyLight.org, 2001-2019, https://www.studylight.org/lexicons/hebrew/8179.html (Zugriff am 25. März 2019)
9. Hebräisches Wort owlam (Strongs H5769)

Kapitel 6
DIE DEMONTAGE FALSCHER HÄUPTER

1. Griechisches Wort antichristos (Strongs G500)
2. www.studylight.org, Wörterbuch und Wortsuche für "Ringen", (Strongs G3823), StudyLight.org, 2001-2019, www.studylight.org/lexicons/greek/3823.html (Zugriff am 15. Januar 2019)

3. Englisches Oxford-Online-Wörterbuch, s.v. "Politik", Oxford University Press, 2019, https://en.oxforddictionaries.com/definition/politics (Zugriff am 25. März 2019)
4. www.lovesickscribe.com, Artikel, "Eine Gemeinde Christi, die keine Rechtfertigung braucht" Autorin, Dawn Hill (Zugriff im Januar 2019).

Kapitel 8
DIE DAVIDISCHE REGIERUNG

1. www.worthychristianforums.com/topic/96593-king-saul-and-repentance/ (Zugriff im Juni 2018)

Kapitel 10
DER KUSS SEINES GEBRÜLLS

1. Hebräisches Wort nashaq (Strongs H5401)
2. Hebräisches Wort nawsak (Strongs H5400)
3. Hebräisches Wort chazaq (Strongs H2388)
4. Hebräisches Wort chashaq (Strongs H2836)

KINGDOM ACADEMY

Raising up an Army of Revolutionaries

For more information about our
Ministry School of the Supernatural, go to:

www.revival-flame.org